beck'sche
reihe

W0074615

b
sr

© Werner Koschig

Um elektronische Geräte bedienen zu können, sind wir bereit, umfangreiche Handbücher zu studieren. Wenn es sich aber um die Lösung von partnerschaftlichen Problemen handelt, basteln wir mit dem „gesunden Menschenverstand" herum und wundern uns, wenn sich trotz heftigen Bemühens die Schwierigkeiten nicht beheben lassen, ja sie sich vielleicht noch verschärfen. Es gibt feste Muster, die fast unausweichlich Beziehungskrisen heraufbeschwören. Julia Onken nimmt die wichtigsten, die verbreitetsten einmal genauer unter die Lupe. Sie erzählt Fälle, beschreibt das Verhalten und deckt die dahinter lauernden Motive auf. Sie gibt Ratschläge, wie *jeder* (nicht nur der *andere*) bestimmte Verhaltensformen vermeiden kann, und wie das Zusammenleben nicht zur persönlichen Sackgasse, sondern zur Quelle von Lebensfreude und innerem Wachstum werden kann.

Julia Onken, dipl. Psych. und Psychotherapeutin, ist Gründerin und Leiterin des Frauenseminars Bodensee und leitet seit vielen Jahren Aus- und Weiterbildungs- sowie Paarseminare. Sie lebt am Bodensee und ist eine der erfolgreichsten Sachbuchautorinnen.

Julia Onken

Wenn Du mich wirklich liebst

Die häufigsten Beziehungsfallen und wie wir sie vermeiden

Verlag C. H. Beck

Die Deutsche Bibliothek CIP-Einheitsaufnahme

Onken, Julia:
Wenn Du mich wirklich liebst : die häufigsten
Beziehungsfallen und wie wir sie vermeiden /
Julia Onken. – Orig. Ausg. – München : Beck, 2001
  (Beck'sche Reihe; 1415)
  ISBN 3 406 45955 2

Originalausgabe
ISBN 3 406 45955 2

Umschlagentwurf: +malsy, Bremen
Umschlagabbildung: Feet, Foto: photonica
© Mikael Dubois
© Verlag C. H. Beck oHG, München 2001
Satz: Fotosatz Amann, Aichstetten
Druck und Bindung: Druckerei C. H. Beck, Nördlingen
Printed in Germany

www.beck.de

Inhalt

Vorwort

Damit aus Verliebtheit wirklich Liebe
werden kann

Wir sind verliebt und hoffen, dieser Zustand möge immer so bleiben. Dann – bei den einen früher, bei den anderen später – schleichen sich die ersten Zweifel und Unsicherheiten ein. Jede Abweichung von den großen Erwartungen des Anfangs wirkt wie ein Verrat an der ursprünglichen Übereinstimmung. Es sind immer wieder die gleichen Fragen, die uns bedrängen. Habe ich mich getäuscht? Hat sich mein Partner/meine Partnerin zum Negativen verändert? Sollen wir uns besser trennen?

Probleme in der Partnerschaft entzünden sich an alltäglichen Themen, die geeignet sind, den Grundkonflikt einer Beziehung zu spiegeln. Solange wir uns in inhaltlichen Dingen festbeißen und nicht die dahinterliegende psychische Dimension erkennen, sind die Schwierigkeiten kaum zu bewältigen.

Um elektronische Geräte bedienen zu können, sind wir bereit, umfangreiche Handbücher zu studieren. Wenn es sich aber um die Lösung von partnerschaftlichen Problemen handelt, basteln wir mit dem „gesunden Menschenverstand" herum und wundern uns, wenn sich trotz heftigen Bemühens die Schwierigkeiten nicht beheben lassen, ja sie sich vielleicht noch verschärfen.

Partnerschaftliche Konflikte entstehen aus Erwartungen und Wünschen, die sich auf dem Hintergrund der individuellen Lebensphilosophie herausgebildet haben.

Wer Schwierigkeiten in der Beziehung meistern will und

konstruktive Lösungen anstrebt, sollte einerseits mehr über sein eigenes Lebenskonzept erfahren und andererseits die elementaren psychischen Gesetze kennenlernen, die zu beachten sind, damit die Liebe erhalten bleibt und sich entfalten kann.

Die häufigsten Themen, die in einer Partnerschaft zu Konflikten führen, werden in alphabetischer Reihenfolge in den Blick genommen. Anhand der Antworten auf die zu Beginn gestellten Fragen kann jeder und jede leicht feststellen, nach welchem Modell wir versuchen, Beziehungsschwierigkeiten zu bewältigen. Es wird sich zeigen, ob das persönliche Konzept überhaupt geeignet ist, Konflikte zu lösen.

Die nachfolgenden Beispiele illustrieren die vielfältigen alltäglichen Probleme, die in einer Partnerschaft auftreten und geben eine erste Anleitung, welche gedankliche und seelische Arbeit zu leisten ist, um Beziehungsfallen zu vermeiden.

Affäre

Entscheide dich:
entweder die/der andere oder ich

	Ja	Nein
– Sollte dem Partner oder der Partnerin, die eine längere Liebesaffäre haben, ein Ultimatum gestellt werden, entweder die Liebschaft abzubrechen oder sich zu trennen?	○	○
– Sollte der untreue Partner oder die untreue Partnerin sofort aus der gemeinsamen Wohnung geworfen und die Scheidung eingereicht werden?	○	○
– Sollte sich die betrogene Seite zusammen-reißen, durchhalten und auf bessere Zeiten hoffen?	○	○

Falls Sie alle oder auch nur eine der Fragen mit Ja beantwortet haben: In keiner Antwort gibt es eine Perspektive, die hilft, das Problem zu lösen.

Sie gehen davon aus, dass sich Liebesgefühle leicht mit dem Verstand regeln lassen. Wer glaubt, eine Liebschaft einfach wie einen Lichtschalter ausknipsen zu können, schätzt die Dynamik der menschlichen Gefühle völlig falsch ein und hat grundsätzlich wenig Respekt vor der Gefühlswelt des Partners oder der Partnerin.

Wer annimmt, mit einem Rauswurf des fremdgehenden Partners oder der Partnerin sei die Welt wieder einigermaßen in Ordnung, irrt gewaltig. Hinterher folgt meist die schmerzliche Quittung, wenn wir feststellen müssen, dass zwar der Kopf eine Entscheidung getroffen hat, der gesamte Gefühlshaushalt aber in Aufruhr gerät und heftig dagegen rebelliert.

Eine Beziehung ist wie ein lebender Organismus, der nicht von einer Stunde auf die andere abgewürgt werden kann. Wenn ein Organismus an seinem Wachstumsprozess gehindert wird und zu kränkeln beginnt, sollte wenigstens der Versuch unternommen werden, möglichst schnell Hilfe zu holen. Das braucht Zeit. Und wahrscheinlich viele Gespräche.

Wer sich selbst zumutet, unter allen Umständen durchzuhalten und zu hoffen, die Affäre löse sich irgendwann in Luft auf, gibt den Anspruch auf die Gestaltung des eigenen Lebens auf und landet in einer gefährlichen Opferrolle. Als Opfer bekommen wir zwar Mitleid und tröstende Worte von anderen, der Preis dafür aber ist sehr hoch. Denn dadurch ist jede Möglichkeit, selbst handelnd zu werden und Entscheidungen zu treffen, vertan.

Holger und Anita sind seit fünfzehn Jahren verheiratet. Sie haben drei Kinder, zwei Mädchen, dreizehn und elf, und einen achtjährigen Sohn. Sie sind eine lebensfrohe und unternehmungslustige Familie, die gemeinsam viel unternimmt, vor allem viel Sport betreibt. Die Mädchen sind in der Leichtathletik aktiv, die Mutter spielt Tennis, Vater und Sohn schwimmen leidenschaftlich gern. Eigentlich könnten sie zufrieden sein.

Doch Anita ist alles andere als glücklich. Holger stolpert immer wieder in Affären, nach größeren oder kleineren Verschnaufpausen. Holgers Seitensprungbereitschaft ist seit Anfang ihrer Ehe vorhanden. Zuerst hat er ein geschlagenes Jahr lang ein Verhältnis mit seiner Sekretärin, dann ist die Chefin seiner Firma über längere Zeit seine Geliebte, auch mit Frauen aus seinem oder ihrem gemeinsamen Bekanntenkreis hatte er bereits kleine Liebschaften. Obwohl Holger seine Affären nicht an die große Glocke hängt, sind sie ein offenes Geheimnis, und er denkt nicht im Traum daran, etwas zu vertuschen. Er ist der festen Überzeugung, durchaus in der Lage zu sein, mehrere Frauen gleichzeitig lieben zu können: „In meinem letzten Leben vergnügte ich mich in einer polygamen Gesellschaft, und nun habe ich mich noch nicht an die Monogamie gewöhnen können", scherzt er halb im Ernst. Ändern wolle er sich nicht, er sehe darin schließlich nichts Unrechtes.

Anita indessen quält sich bereits seit einigen Jahren mit der Frage, ob sie diesen chronisch untreuen Mann nicht besser verlassen sollte. Doch sie liebt ihn sehr, und das ist durchaus verständlich. Holger ist ein sehr sympathischer, blendend aussehender und charismatischer Mann, dem alle Türen offen stehen. Selbst wenn er gerade eine aushäusige Flamme umwirbt, lässt seine Aufmerksamkeit in der Familie nichts zu wünschen übrig. Er ist ein ausgesprochen liebevoller und zärtlicher Ehemann, zudem ein engagierter Vater, der sich in vorbildlicher Weise um seine Kinder kümmert.

In den affärenfreien Phasen ist Anita zuversichtlich, dass sich alles doch noch zum Guten wende. Kaum aber hat sie sich einigermaßen vom letzten Schock erholt, folgt der nächste. Als sie von der jüngsten Liaison erfuhr, setzte sie ihn vor die Tür und bereute hinterher ihren Entschluss, so dass sie bereits am nächsten Tag alles wieder rückgängig machte. Auch hat sie ihn bereits mehrere Male vor die Entscheidung gestellt: entweder die andere oder ich. Ohne langes Nachdenken kommt er dann jedesmal mit wehenden Fahnen zurück: „Wie könnte ich Dich verlassen. Du bist für mich die große Liebe!" Hinterher ist wieder alles beim Alten.

Anitas Schwiegermutter rät, auf alle Fälle zu bleiben. Irgendwann würden die Eskapaden ihres Sohnes genauso nachlassen, wie sie sich auch bei seinem Vater gelegt hätten, der ihm in seinem Wesen sehr ähnlich sei. Die sich allmählich vermindernde Potenz habe ihn von seinen Höhenflügen heruntergeholt und ihn endlich zur Landung in der ehelichen Gemeinschaft gezwungen. Und seit der Prostata-Operation habe sie einen vorbildlich treuen Ehemann – wenn auch nicht gerade freiwillig. Wie schade es doch gewesen wäre, wenn sie das Handtuch zu früh geworfen hätte.

Freundinnen und Bekannte raten ihr hingegen, sie solle sich diesen Kränkungen nicht mehr länger aussetzen und endlich die Scheidung einreichen. Die Hoffnung auf Besserung sei unrealistisch, denn Holger ändere sich nie.

Je mehr sie aber mit anderen Menschen über ihre Situation spricht, umso verwirrter wird sie. Anita pendelt mit ihren Gedanken von einem Meinungslager zum anderen und weiß nicht, was sie tun soll.

In einem solchen Fall ist jeder Rat falsch. Wer in eine ähnliche Situation gerät, tut gut daran, sich Freunde und Freundinnen zu suchen, die sich unter keinen Umständen hinreißen lassen,

Ratschläge zu erteilen, sondern sich als zuverlässige Begleitpersonen verstehen. Da sind vor allem Menschen nötig, die jemandem in solch einer schwierigen Lebenssituation liebevoll beistehen, die auf dem oft langen und mühseligen Weg begleiten, der mit Zweifeln, aufkeimender Hoffnung und erneuter Enttäuschung gesäumt ist. Eine Entscheidung, wie auch immer sie aussieht, kann einzig und allein von den Betroffenen gefällt werden. Jedes Eingreifen von außen birgt die Gefahr einer Manipulation, die zu vorschnellem Handeln verleitet und sich hinterher verheerend auswirken kann. Der Entschluss, sich zu trennen, ist ein Reifungsprozess und kann nicht durch Interventionen, die von Dritten eingebracht werden, beschleunigt werden.

Außenbeziehungen, vor allem wenn sie sich über Jahre hinziehen, stellen für die „Betrogenen" eine äußerst schwere Belastung dar, die nur mit dem Durchstehen einer lebensgefährlichen Krankheit verglichen werden kann. Viele Menschen erleben die Untreue ihres Partners oder ihrer Partnerin als Schock, der traumatische Ausmaße annehmen kann, von dem sie sich nur langsam erholen. Die meisten erleben Partnerschaft als Heimat, und ein Treuebruch bedeutet für sie, aus der Heimat vertrieben zu werden, heimatlos und schutzlos zu sein. Zudem ist das Selbstwertgefühl aufs Schwerste beschädigt, denn schließlich wird eine andere Person vorgezogen.

Handelt es sich um eine einmalige Angelegenheit, haben die Betroffenen die Möglichkeit, die schmerzliche Erfahrung zu verarbeiten, wieder Vertrauen zum Partner zu entwickeln, sich mit der Beziehung auseinander zu setzen, um sie neu zu gestalten. Kommt es aber zu Wiederholungen, wird es sehr schwierig, in den Zwischenphasen genügend Kraft zu schöpfen und sich zu erholen. Die Frage, ob unter solchen Umständen eine Beziehung überhaupt weiter fortgeführt werden kann, ist durchaus berechtigt.

Da gibt es wichtige Hinweise, die zu beachten sind und die behilflich sein können, die eigene Situation realistischer einzuschätzen und sich einen besseren Überblick über die eigenen Lebensperspektiven zu verschaffen.

Unsere größte Kraftquelle ist die Freude. Wenn wir in missliche Lebensumstände geraten, sind es vor allem die wichtigen Nischen, die uns Freude machen, die uns stärken, die überlebensnotwendig sind, um Durststrecken einigermaßen unbeschadet zu überstehen. Wenn wir uns überlegen, uns vom Partner oder der Partnerin zu trennen, sollten wir uns die Frage stellen, ob wir in dieser Situation dennoch fähig sind, uns immer wieder für die vielfältigen Freuden des Lebens zu begeistern. Wer nicht mehr in der Lage ist, sich von einem beginnenden Tag verzaubern zu lassen, wer das Zwitschern der Vögel nicht mehr hört, wer den Duft des herbstlichen Waldes nicht mehr einatmen kann, wer die Schönheit der sich im Wasser spiegelnden Wolken nicht mehr sehen kann, hat die Lebensfreude verloren. Wem aber die Freude am Leben abhanden gekommen ist, muss die Verantwortung für sich und sein eigenes Wohlergehen übernehmen und sich vom Partner, von der Partnerin verabschieden und gehen. Zunächst wird möglicherweise der Schmerz über die Trennung noch größer sein als das bis dahin durchgemachte Leid. Mit der Zeit aber wird sich die Verkrampfung lösen. Ein neuer Sonnenstrahl, der durch die verschlossenen Vorhänge dringt, wird an die Welt erinnern, die für uns alle da ist.

Die Freude darf niemals geopfert werden. Dieses Opfer wäre zu groß und würde sich niemals günstig auswirken. Wer die Freude verliert, hat die vitalisierende Kraftquelle seines Lebens verloren und somit das Wichtigste, um das eigene Leben zur Erfüllung zu bringen.

Dieses innere Bewegtsein lässt sich von außen durch andere nicht beurteilen. Nur den Betroffenen ist es möglich, die Bedeutung Freuden spendender Erlebnisse und Erfahrungen entsprechend einzuschätzen. Deshalb ist jeder Rat – und sei er noch so gut gemeint – immer falsch.

Es ist durchaus möglich, dass Menschen gerade dann, wenn sie durch schwierige Lebensumstände herausgefordert werden, sämtliche Kraftressourcen anzapfen und eine innere Unabhängigkeit entwickeln, die sie enorm stärkt. Wer in einem stürmischen Wasser baden geht, wird seine Schwimmkünste derart verbessern, dass ihm kaum noch etwas ernsthaft Schaden zufügen kann. Sind aber die Wellen derart hoch, dass selbst ein guter Schwimmer keine Chance mehr hat, sich über Wasser zu halten, dann ist es höchste Zeit, die Schwimmübung unverzüglich abzubrechen und sich zu retten.

Auf die Partnerschaft übertragen, die durch Affären belastet ist, heißt das: Es ist eine Gratwanderung, die höchste Aufmerksamkeit erfordert, was die Zumutbarkeit und Belastbarkeit betrifft. Der Fokus bleibt auf die eigene Befindlichkeit gerichtet. Deshalb zielt ein Ultimatum, das vom fremdgehenden Partner oder von der Partnerin einen Entschluss fordert, in die falsche Richtung. Nicht die SeitenspringerInnen müssen sich entscheiden, sondern die „Betrogenen" allein sollten die Verantwortung für sich übernehmen. Sich vom Willen der Fremdgehenden abhängig zu machen, heißt, in der Rolle des Opfers zu verharren, über das andere verfügen können.

So ungeheuer schwierig und schmerzlich eine Konfrontation und die Auseinandersetzung mit einer Affäre sind, so gibt es eine Begleiterscheinung, die für die über lange Strecken auszuhaltende Verunsicherung entschädigt.

Wir werden kaum einen anderen Konflikt finden, der uns bei dem Versuch einer Lösung derart auf die eigene Person zurückwirft. Sollten wir uns in der Beziehung abhanden gekommen sein, weil wir uns stets um den anderen gekümmert hatten, so werden wir nun dazu aufgefordert, uns wieder uns selbst zuzuwenden und zu lernen, uns ernsthaft um unser eigenes Wohl zu kümmern und uns dafür einzusetzen. So ist nicht selten die Trennung vom Partner oder der Partnerin mit einer Hinwendung zu sich selbst verbunden. Gerade in solch schwierigen Lebenssituationen gelingt es Freundschaft mit sich zu schließen und sich darum zu bemühen, einen liebevollen Umgang mit sich selbst einzuüben.

Die wichtigsten Impulse, die uns in diesem Prozess hilfreich unterstützen, erhalten wir, wenn wir uns mindestens drei Mal am Tag fragen: Wie geht es mir? Wie fühle ich mich? Was möchte ich? Was tut mir gut? Auch wenn wir die ermittelten Wünsche und Bedürfnisse nicht alle umsetzen und befriedigen können, so sind doch die Fragen, die wir an das eigene Wohlbefinden richteten, ein Appell, mit uns fürsorglich und freundlich umzugehen.

Die volle Selbstverantwortung für das eigene Wohlbefinden zu übernehmen, ist nicht nur ein Recht, sondern letztlich auch unsere Pflicht. Aus einer solchen Haltung wird es uns besser gelingen, eine Entscheidung zu treffen, deren Konsequenzen wir zu tragen in der Lage sind, und die uns nicht schwächt, sondern langfristig stärkt.

Auto

 **Fahr doch nicht so dicht auf!**

	Ja	Nein
– Sollte es in einer Beziehung um wichtigere Dinge gehen, als über Autos zu diskutieren?	◯	◯
– Bezweifeln Sie, dass das Thema Auto zu ernsthaften Störungen führen oder gar zu Streit Anlass geben kann?	◯	◯
– Sind Sie davon überzeugt, dass das Auto ohnehin Männersache ist und man „ihn" einfach machen lassen sollte?	◯	◯

Wenn Sie einmal mit Ja geantwortet haben, sind Sie wirklich völlig ahnungslos und haben vom Zündstoff, der allein in der Existenz eines Autos liegt, keine Ahnung. Entweder benutzen Sie und Ihr Partner oder Ihre Partnerin ausschließlich öffentliche Verkehrsmittel, oder Sie verdrängen die Problematik erfolgreich.

Nicht nur die Wahl eines Autos kann Paare zu beinahe ausweglosen Diskussionen veranlassen; in hartnäckigen Fällen kommt es sogar zu einem ernsthaften Zerwürfnis. Auch der jeweilige Fahrstil bietet wiederkehrende Anlässe für Streitereien, sorgt also als Dauerbrenner für Spannungen.

In keinem anderen Bereich – außer der Sexualität – kommen die geschlechtsspezifischen Unterschiede derart massiv zum Ausdruck wie in der Bedeutung des PKWs und im Umgang mit ihm. Das Auto hat für Männer und Frauen einen völlig anderen Stellenwert. Gelingt es in einer Partnerschaft nicht, die Differenz und die dahinter liegende Symbolik richtig einzuordnen und sie vollumfänglich zu akzeptieren, zieht dies oft eine endlose Kette von gegenseitigen Entwertungen und Kränkungen nach sich.

Sandra und Willi sind ein glückliches Paar. Ohne große Probleme leben sie seit fünf Jahren zusammen, gehen ihrem Beruf nach, er als Chemiker, sie als kaufmännische Redaktionsangestellte. Beide fahren ihr eigenes Auto. Die Freizeit ist gut organisiert, vieles unternehmen sie als Paar, aber sie gehen auch eigenen Interessen nach. Als Sandra ein Kind erwartet, heiraten sie. Nur wenige Monate nach der Geburt tritt Sandra eine neue Stelle an, in einer Zeitungsredaktion ganz in der Nähe ihrer Wohnung. Ihr Kleinwagen, den sie beinahe zehn Jahre lang gefahren hat und der in einem entsprechend schlechten Zustand ist, wird verschrottet. Willis Gefährt aber, ein kleiner, sportlicher Flitzer, ist alles andere als ein geräumiges Familienauto. Obwohl er zunächst nichts davon wissen will, seinen Sportwagen gegen ein familienfreundlicheres Fortbewegungsmittel auszuwechseln, sieht er allmählich die Notwendigkeit eines Tausches ein.

Die Suche nach einem neuen Fahrzeug beginnt, und zugleich nimmt der Streit kein Ende. Sandra sieht sich nach einem praktischen Wagen um, während Willi immer wieder bei den schnittigen Modellen hängen bleibt. An den Wochenenden suchen sie sämtliche Autohändler der Umgebung auf, aber schon auf dem Weg dorthin kriegen sie sich in die Haare. An eine Einigung auf ein Modell, das beiden zusagt, ist nicht zu denken. Während Sandra die Größe des Kofferraumes ausmisst, um sicherzugehen, dass auch der zusammenklappbare Kinderwagen hineinpasst, informiert sich Willi über die Möglichkeit, ein Navigationsgerät einzubauen – obwohl er keines benötigt, da er immer dieselben Strecken fährt. Sie wirft ihm Realitätsblindheit vor, er beschimpft sie als spießiges Muttertier, das nur noch an den Nachwuchs denkt und nichts anderes mehr im Kopf hat.

Männer sind nicht nur anders als Frauen, sie denken auch anders. Für Männer ist das Auto Statussymbol, Ausdruck ihrer wirtschaftlichen Potenz, für Frauen Mittel zum Zweck. Für den Mann ist das Auto eine erweiterte Zone seines Selbstbildes: Je stattlicher der Wagen, umso größer ist sein Selbstbewusstsein. Wenn Männer ein defektes Auto in die Werkstatt bringen, kann es durchaus sein, dass sie das Gefühl nicht loswerden, ihr Auto sei krank und müsse zum Onkel Doktor. Auch fällt es Männern äußerst schwer, das innig geliebte Automobil an jemanden auszuleihen – und wenn sie sich dazu überwinden, müssen sie genau wissen, wann es wieder zurückgebracht wird. Bis dahin verbringen sie qualvolle Stunden des Wartens und Bangens. Selbst den erwachsenen Kindern wird der Wagen nur ungern ausgehändigt. Ein Mann wählt das Auto nach optischen Aspekten (ähnlich wie bei seiner Wahl der Partnerin) sowie möglichst vielen computergesteuerten Funktionen und Datenangaben – auch solchen, die nie zum Einsatz gelangen. Der Preis des Wagens spielt für den Mann eine relativ geringe Rolle, denn hat ihn einmal ein bestimmtes Modell gepackt, gerät er emotional in eine Abhängigkeit, die mit Vernunft allein nicht mehr zu steuern ist.

Bei Frauen ist das anders. Sie wollen das Auto vor allem benutzen, möglichst ohne Panne mit ihm von A nach B gelangen, das ist alles. Bei einer Neuanschaffung folgen sie Kriterien, die realitätsbezogen sind. Anschaffungspreis, Versicherung, Verbrauch und Unterhalt stehen bei ihnen zur Debatte. Dann werden Funktionen gecheckt, und an letzter Stelle rangiert das Äußere.

Auch in ihrem Fahrstil verhalten sich die Geschlechter sehr unterschiedlich. Männer geraten öfter als Frauen in einen pädagogischen Eifer, belehren, zeigen den Vogel und fluchen über die vielen Idioten und Sonntagsfahrer. Sitzt eine Frau am Steuer und chauffiert ihren Mann, was dann vorkommt, wenn ihm der Führerschein infolge zu schnellen Fahrens weggenommen worden ist, kontrolliert er ihre Fahrfähigkeit und lässt sie alle drei Minuten wissen, dass sie vom Autofahren eigentlich keine Ahnung habe – selbst dann, wenn er bereits mehrere mit zum Teil erheblichem Schaden verbundene, selbstverschuldete Unfälle gebaut hat und die Frau nur mit ein paar armseligen Einparkdellen und Kratzern aufwarten kann. Die Unfallstatistik der Versicherungen belegt, dass Frauen überwiegend die kleinen Unfälle verursachen.

Frauen fahren im Allgemeinen überlegter, und sie gehen weniger Risiken ein. Männer neigen viel stärker dazu, zu dicht auf das vordere Auto aufzuschließen, was bei Frauen immer wieder den ermahnenden Ruf auslöst: „Fahr nicht so dicht auf!" In der Regel führt die Aufforderung zu keinerlei Erfolg. Sicher ist ihr nur ein längerer Vortrag seinerseits über die Ungerechtigkeit und Unlogik der Verhältnisse auf den Straßen. Die Polizei interessiere sich nur für die Autofahrer, die zu schnell fahren, auch wenn diese ihr Fahrzeug unter Kontrolle hätten. Die gefährlichen Schleicher, die ein erhöhtes Unfallrisiko darstellten, da sie mit ihrem Schneckentempo jeden vernünftigen Fahrer provozierten und zur Weißglut trieben, hätten hingegen nichts zu befürchten. Während der Mann sich in seine eigene Argumentation hineinsteigert, fährt er noch dichter auf, als ob er den Vordermann anschieben wolle. Die Beifahrerin hält in einer solchen Situation den Atem an und hat entweder Angst oder eine wahnsinnige Wut im Bauch. Da sie aber weiß, wie ungünstig sich eine offene Auseinandersetzung während des Fahrens auf ihren Partner auswirkt, schweigt sie und macht ihm, sobald sie wieder festen Boden unter den Füßen hat, die Hölle heiß.

Auch der Parkplatz ist ein Ort, der große Unterschiede erkennen lässt. Wenn bereits ein anderes Auto wartet, lassen sich

Männer beim Ausparken viel Zeit. Handelt es sich gar um einen Wagen der unteren Preisklasse, dauert es noch länger. Wenn Frauen hingegen sehen, dass ein anderes Auto in ihre Parklücke hineinfahren will, bemühen sie sich, den Parkplatz so schnell wie möglich zu verlassen. Bei so viel Unterschiedlichkeit liegt es auf der Hand, dass die Fetzen fliegen müssen.

Da der Mann meist in Sachen Auto eher irrational reagiert, sollte wenigstens die Partnerin, wenn es um die Anschaffung eines neuen Wagens geht, einen kühlen Kopf bewahren. Es ist gut, wenn wir die spezielle Gefühlslage unseres Partners nicht ignorieren. Eine verletzende Attacke gegen seinen technischen Spieltrieb beispielsweise führt keinesfalls zur Lösung des Konflikts. Am Ende sind nur beide mit den Nerven fertig.

Sinnvoll erscheint es, dem Partner vorzuschlagen, gemeinsam genügend Zeit zu investieren, um sich ausführlich über alle zur Wahl stehenden Modelle und Typen zu informieren. In dieser Phase sollte der Mann seine favorisierten Autos zur Diskussion stellen und die vielen Vorzüge anhand von Prospekten belegen, ohne dass wir Frauen gleich vor Entsetzen aufschreien.

Es gibt für die Wahl eines Autos einen bis maximal drei entscheidende Punkte, die uns besonders am Herzen liegen, und mindestens zehn Nebenaspekte, die weniger ins Gewicht fallen. In Streitsituationen, in denen wir hartnäckig unsere Position verteidigen, werfen wir unserem Gegenüber sämtliche Argumente ohne Differenzierung an den Kopf. Selbstverständlich wartet die andere Person mit einer mindestens ebenso umfangreichen Liste von Beweggründen auf. Zum Schluss haben wir derart viele, uns wichtig erscheinende Aspekte, dass wir den Eindruck gewinnen, unsere Vorstellungen niemals einander annähern zu können, um miteinander einen Kompromiss auszuhandeln.

Folgende Strategie hilft uns, nicht in den für Paare typi-

schen Sackgassen zu landen. Bevor wir in die Entscheidungs-
phase eintreten, schreibt jede Person die wichtigsten drei
Anliegen, die sie an ein Auto stellt, in der Reihenfolge ihrer
Bedeutung auf. Dann lesen wir sie uns gegenseitig vor und erklären auch, weshalb sie für uns entscheidend sind. Nun versuchen wir herauszufinden, ob es ein Auto gibt, das alle sechs
Anforderungen zu erfüllen vermag. Wenn dies nicht der Fall
ist, streichen wir je einen Punkt, und zwar den unwichtigsten.
Nun haben wir nur noch vier Aspekte unter einen Hut zu
bringen. Meistens ist bereits auf dieser Stufe eine Einigung zu
erzielen. Ist dies nicht möglich, wird es mit großer Wahrscheinlichkeit aber dann klappen, wenn wir nur noch die jeweils allerwichtigste Forderung berücksichtigen. Im Falle von
Sandra und Willi lässt sich sein Wunsch nach einem schnittigen, mit Navigator ausgerüsteten Auto durchaus mit ihrer
Vorstellung von einem geräumigen Wagen verbinden, in dem
mühelos ein Kinderwagen untergebracht werden kann.

Sollte aber ein solcher lösungsorientierter Kompromiss aus
Gründen allzu heftiger emotionaler Bewegung im männlichen Gemüt nicht zu erreichen sein, versuchen wir die vielfach erprobte Beruhigungsstrategie, die wir auch im Umgang
mit Kindern anwenden: gut zureden – beruhigen – ablen-
ken – beschäftigen. Geben wir unserem Partner Buntstifte
oder Fingerfarben, damit er seine Frustration in einem kreativen Akt malerisch zum Ausdruck bringen kann. Sollte er sich
nicht besänftigen lassen, kaufen wir ihm seinen Lieblingswa-
gen als Modellauto. Und während er sich dem Spiel tröstend
hingibt, treffen wir eine Entscheidung und bestellen rasch das
vernünftige Familienauto.

Diese Vorgehensweise steht zweifellos nicht auf der Strate-
gieliste für partnerschaftliche Kommunikation. Sie ist nur
dann anzuwenden, wenn alle anderen Versuche gescheitert
sind, eine Einigung für ein Modell zu erzielen, das den Be-

dürfnissen beider Partner entspricht. Eine solche Lösung lässt sich auch nur deshalb rechtfertigen, weil sie dazu beiträgt, der Realität einer kleinen Familie gerecht zu werden.

Fehler

Nun hast du schon wieder...

	Ja	Nein
– Achten Sie besonders darauf, was Ihr Partner oder Ihre Partnerin alles falsch macht?	○	○
– Haben Sie auch schon mit der besten Freundin darauf gewettet, dass Ihr Partner den Hochzeitstag wieder vergessen wird?	○	○
– Erinnern Sie sich an sämtliche Fehler, die Ihrem Partner oder Ihrer Partnerin unterlaufen sind?	○	○

Falls Sie einmal mit Ja geantwortet haben, führen Sie eine exakte Buchführung über das, was Sie aus Ihrer Sicht als Unarten und Fehlverhalten des Partners oder der Partnerin bezeichnen. Sie müssen damit rechnen, dass diese Haltung für Ihre Beziehung eine schwere Belastung ist und zunehmend für Spannungen sorgt.

Sie gehen offensichtlich davon aus, dass es ganz klare Regeln gibt, die es einzuhalten gilt. In Ihrer Bewertungsskala existieren nur zwei Möglichkeiten: Entweder ist etwas richtig oder falsch, gut oder böse, weiß oder schwarz. Sie beurteilen alles aus Ihrer Perspektive, und die Sichtweise Ihres Partners oder Ihrer Partnerin interessiert Sie nicht besonders. Darüber hinaus sind Sie nachtragend, was sich für das Gelingen einer Partnerschaft ebenfalls äußerst ungünstig auswirkt.

Theresa ist wütend. Eigentlich will sie nicht. Nein. Nicht so. Aber Franz besteht auf einem Gespräch mit dem Gemeindepfarrer. Schließlich funktioniert die Ehe schon lange nicht mehr. Heftige, beinahe täglich stattfindende Streitereien um Nichtigkeiten, die kaum noch zu steuern sind, machen beiden schwer zu schaffen. Über eine Stunde dauert das Gespräch, in dem Theresa in einem kaum zu stoppenden Wortschwall all die Untaten von Franz aufzählt: die stinkenden Socken, die er trotz steter Ermahnung grundsätzlich nicht in den dafür vorgesehenen, mit Deckel verschließbaren Plastikeimer, sondern zur anderen Wäsche wirft, die auf dem Tisch vor dem Fernseher stehen gelassenen Gläser, Kaffeetassen und vieles andere mehr. Theresa hat bereits ausgerechnet, wie viel Geschirr sie im Laufe eines Jahres jeweils morgens aus dem Wohnzimmer räumen muss – nämlich genau 730 Einzelteile, in zehn Jahren wären es dann 7300! Und wenn sie all das andere noch dazu zählte, was sie mindestens ebenso unbeschreiblich nervt, dann werde ihr ganz übel. Auch könne sie das Gefühl nicht loswerden, dass Franz sich absichtlich derart daneben und schlecht benehme, nur um ihr eins auszuwischen. Dahinter stecken eindeutig böse Absichten! Wenn Franz sie tatsächlich lieben würde – wie er ja vorgebe –, dann würde er sich mehr zusammennehmen und endlich seine Liebe unter Beweis stellen.

Als sie mit ihrem Sündenregister zu Ende ist, will sie vom Pfarrer zwei Dinge wissen. Erstens, ob er nicht auch ihrer Meinung sei, dass Franz sich bessern sollte. Zum anderen erwartet sie von ihm einen Rat, wie dieser Mann zu kurieren sei. Der Pfarrer, bereits geübt in Gesprächen mit streitenden Paaren, nimmt weder zur einen noch zur anderen Frage Stellung. „Ja", sagt er, „es scheint tatsächlich recht schwierig für Sie zu sein, und sicher könnten Sie die Liste noch weiterführen. Nur, wenn wir das, was wir aus unserer Sicht als Fehler bezeichnen, zu allem Unglück auch noch zusammenzählen, kommen wir nie zu einer Lösung." Und dann folgt ein verhängnisvoller Satz. Dieser Satz bringt Theresa auf die Palme und lässt das Gespräch abrupt enden: „Wie heißt es so schön?", gibt der Pfarrer zu bedenken, „die Liebe rechnet das Böse nicht an." Theresa springt empört auf und schimpft: „Mit frommen Sprüchen können Sie bei mir nicht landen." Dann geht sie und knallt die Türe hinter sich zu. Am nächsten Tag reicht sie die Scheidung ein.

Manchmal lösen Sprüche – nicht nur die frommen – großen Ärger aus, vor allem dann, wenn sie den Nagel auf den Kopf treffen. Sobald wir beginnen, über die so genannten „Fehler" des Partners oder der Partnerin Buch zu führen, sie aufzulisten, alles kleinkrämerisch festzuhalten, geraten wir unweigerlich in eine Sackgasse, aus der wir nicht mehr herausfinden. Es sei denn, wir wären bereit, die Anklageschrift zu verbrennen und in einem Akt des Großmuts und der Versöhnungsbereitschaft eine Generalamnestie für sämtliche je stattgefundenen „Fehler", die der Partner oder die Partnerin begangen hat, zu erlassen.

Dies würde bedeuten, dass wir grundsätzlich Ja zum Leben sagen: Wir sind bereit, uns auf seine ständigen Veränderungen einzulassen. Fehler zählen, auflisten und vermerken heißt immer, sich an etwas, was bereits der Vergangenheit angehört, zu orientieren und dadurch das gegenwärtige Leben zu verpassen. Wir hinken der aktuellen Situation stets hinterher und versäumen die Gegenwart. Wer sich in einer Beziehung auf diese Weise einrichtet, kann nicht glücklich werden.

Der Versuch, Schiedsrichter zu finden, die einem die eigene negative Meinung über den Partner oder die Partnerin bestätigen oder eventuell noch verstärken, hilft gelegentlich, gegen das Gefühl einer leisen Verunsicherung anzukommen. Das Bedürfnis, sich durch andere in unserem Negativurteil zu bestärken, zeigt, dass wir uns in unserer Beurteilung doch nicht so sicher fühlen. Suchen wir Meinungskomplizen und -komplizinnen, legen wir unbewusst alles darauf an, den Fokus ausschließlich auf das zu richten, was uns möglichst in unserem Urteil bestätigt. Wir erzählen etwa der Freundin: „Stell dir vor, ER hat nicht nur den Hochzeitstag, sondern auch noch meinen Geburtstag vergessen! Ist das nicht ein starkes Stück?" Wir verschweigen, dass ER am letzten Wochenende ein wunderschönes Bücherregal aus Eiche zimmerte und in die verwinkelte Ecke neben dem Esstisch einpasste, was wir uns seit langem sehnlichst gewünscht hatten. Wir verschweigen auch, mit welcher Lust wir miteinander nach einem heftigen Streit im Bett gelandet sind. Wir verschweigen überhaupt alles, was noch ein gutes Licht auf ihn werfen könnte. Wir haben längst unsere Wahrnehmung fixiert und blicken wie gebannt auf das, was wir zutiefst am andern beklagen. Mit einer derartigen Darstellung manipulieren wir die Vorstellung und die daraus resultierende Meinung der angesprochenen Person – was wir natürlich auch beabsichtigen, wenn auch nicht als klar kalkulierte und bewusste Aktion.

Genau genommen läuft es aber auf einen Mißbrauch von Personen hinaus, die mit der ganzen Beziehungsdynamik nichts zu tun haben. Weshalb sollte z.B. meine Schwester oder meine Freundin über meinen Partner ein negatives Urteil fällen? Wie kommt ein Eheberater dazu, als Schiedsrichter zu amtieren und eine Person zu verurteilen, die er nicht einmal kennt? Ratsuchende sind oft recht enttäuscht, wenn sie erleben, dass sich Ehetherapeuten und -therapeutinnen nicht dazu hinreißen lassen, Partei zu ergreifen und ihre Bewertung zu übernehmen.

Zu Beginn einer Beziehung sind wir äußerst großzügig, wir vergrößern die liebsamen Eigenschaften des anderen, addieren und multiplizieren sie, während wir das, was uns weniger gefällt, in großzügiger Weise ausblenden. Wir können oft nicht genug davon bekommen, anderen zu erzählen, wie herausragend, wie ganz besonders und unübertrefflich der neue Partner oder die neue Partnerin ist. Selbst wenn wir mit derartigen Hymnen anderen auf die Nerven gehen, vermag ein kritischer Einwand keineswegs den Lobgesang einzudämmen. Wir sind buchstäblich berauscht und erzählen freudig allen – auch denen, die es nicht hören wollen – von der absoluten Einmaligkeit des Partners oder der Partnerin, der außergewöhnlichen Intelligenz oder der hinreißenden Schönheit, je nachdem, und glauben selbst an das Bild, das wir in den prächtigsten Farben pinseln.

Es ist durchaus sinnvoll, wenn wir uns beim Kennenlernen zunächst blenden lassen. Ohne die Fähigkeit des selektiven Wahrnehmens würden wir uns kaum je in einen Menschen verlieben, würden niemals vor Begeisterung über die Großartigkeit in Entzücken geraten und leidenschaftlich vom umwerfenden Charme einer anderen Person ergriffen und überrannt werden.

Bei den meisten Paaren verändert sich der Eindruck, den sie voneinander gewonnen haben, bereits nach kurzer Zeit. Nicht weil sich die Partner verändern, sondern weil sich die Perspektive verschoben hat.

Wir lernen im Laufe des Zusammenseins auch andere Seiten des Partners oder der Partnerin kennen. So kann ein Mann, der uns besonders durch seine einfühlsame Art, Gespräche zu führen, gefallen hat, auch noch andere Seiten haben und zuweilen keine Bereitschaft zeigen, auf eines unserer Anliegen einzugehen. Eine Frau, die durch ihre Unabhängigkeit große Anziehung auf ihren Partner ausübte, zeigt sich unerwartet verunsichert, etwas zögerlich in ihren Entscheidungen oder möchte sich gar an ihn anlehnen.

Statt dass wir uns über die vermeintlich unangenehme Wesensveränderung beklagen, könnten wir dieses Verhalten als positives Zeichen verstehen lernen und uns darüber freuen, dass wir nun auch noch die Gelegenheit haben, die Rückseite der Medaille zu Gesicht zu bekommen und noch andere, unbekannte und verborgene Wesenszüge kennen zu lernen, die ebenfalls zu ihm oder ihr gehören. Entdecken wir allmählich am Partner oder an der Partnerin auch noch andere Aspekte, sollten wir bedenken, dass es nicht die andere Person ist, die sich verändert hat, sondern lediglich unsere Sichtweise. Die Kontinuität, die wir als Sicherheit in einer Beziehung erleben, erlaubt uns, das Wagnis einzugehen, allmählich etwas genauer hinzusehen, um die geliebte Person als Ganzes zu erleben.

Gehen wir nun hin und werfen dem andern das vor, was uns zuerst entgangen ist, dann werfen wir ihm „Fehler" vor, machen ihm oder ihr Vorwürfe über entsprechende Verhaltensweisen oder Eigenschaften, die schon immer vorhanden waren, die wir aber großzügig aus unserer Wahrnehmung ausgeblendet hatten. Der Vorwurf gerät also an die falsche Adresse, und damit setzen wir uns ins Unrecht, was in der Regel von den Betroffenen entsprechend mit Empörung oder mit tiefem Gekränktsein quittiert wird. Oft erhalten die so genannten Fehler des anderen noch einen zusätzlich negativen Beigeschmack, nämlich wenn die Vermutung besteht, eine böse Absicht stecke dahinter. Irgendwann erhält der Fehlerverursacher oder die -verursacherin zusätzlich auch noch das Prädikat, gemein zu sein. Verhaltensweisen, Wesenseigenschaften und alles, was es sonst noch zu rügen gibt, wird ihm oder ihr auch noch als hinterhältige Absicht angerechnet und auf dem Fehlerkonto verbucht.

Dieses Phänomen, den anderen in ein schlechtes Licht zu stellen und seine Bösartigkeit zu akzentuieren, kann bei Paaren beobachtet werden, die sich trennen. Als Außenstehende können wir uns nur wundern, wie jemand mit einem derart bösen Partner oder einer bösen Partnerin über Jahre zusammen leben konnte und auch noch Kinder in die Welt setzte.

Wer Buch führt und jeden Rülpser akribisch genau notiert, auflistet und auf den nächsten Tag, die nächste Woche und überhaupt auf die ganze Zukunft überträgt, wird irgendwann in den roten Zahlen landen, und die Beziehungsbilanz wird zweifellos ein großes Defizit an Wohlgefallen aufweisen. Wer konsequent buchhalterisch die „Fehler" registriert, wird sie zuverlässig stets mit Sauerstoff versorgen und somit dazu beitragen, dass sie noch stärker zur Entfaltung kommen, sich aufblähen und immer mehr Raum einnehmen.

Es ist um einiges sinnvoller, dafür zu sorgen, dass die Liebe zum Partner oder zur Partnerin nicht durch eine negative Sichtweise allmählich überwuchert wird. Es sind immer alle Wesensanteile vorhanden, auch wenn sie nicht alle wahrgenommen werden. Wir können beruhigt sein: Die meisten Menschen verändern sich im Laufe ihres Lebens nur geringfügig. Ein zur Unordnung neigender Partner war mit größter Wahrscheinlichkeit bereits in der Verliebtheitsphase unordentlich. Ein schweigsamer, introvertierter Mensch war schon immer alles andere als unterhaltsam und gesprächig. Es ist eine verhängnisvolle Täuschung, wenn wir annehmen, dass sich ein Partner oder eine Partnerin im Laufe des Zusammenlebens von einer wunderbaren Person in ein Ungeheuer verwandelt hat.

Was ist nun aber zu tun, wenn wir plötzlich Seiten am Partner oder der Partnerin entdecken, die uns größte Mühe bereiten?

Die Schöpfungsintelligenz hat uns einen genialen Streich gespielt und uns eine der schwierigsten Nüsse zum Knacken mitgegeben: Die Gefühle des Verliebtseins werden uns ohne unsere Mitwirkung geschenkt. Die Umwandlung der

Schmetterlingsgefühle in Liebe hingegen muss von uns geleistet werden.

Dies bedeutet, den anderen zu akzeptieren lernen, so wie er ist – ohne Wenn und Aber. Der Partner oder die Partnerin ist ein absolut eigenständiges Wesen, das sich uns niemals in seiner Ganzheit erschließt. Dies erfordert, stets den nötigen Abstand respektvoll zu wahren, damit eine grundsätzlich interessierte Haltung am anderen bestehen bleibt. Wer das schafft, erreicht das Gegenteil von Nachlässigkeit, von Desinteresse, von Überdruss und letztlich von der absoluten Beziehungshölle, sich nichts mehr zu sagen haben.

Die Liebe will gepflegt sein – mindestens mit der gleichen Achtsamkeit, wie wir ein Auto warten. Ein hervorragendes Pflegemittel dafür ist das Zurückerinnern an die erste Zeit des Verliebtseins – am besten in einer eigens dafür eingelegten Besinnungsstunde. Es lohnt sich zu fragen: „Was hat mir denn einst so gut an meinem Partner, an meiner Partnerin gefallen? Was hat mich damals derart beglückt und belebt?" Es lohnt sich, jenen Eigenschaften nachzuspüren, die uns in der ersten Zeit verzauberten und in uns die Liebe zu erwecken vermochten. Solche Rückblenden bewahren uns davor, die vermeintlichen Fehler des anderen ständig wieder neu aufzulegen, aufzubauschen und zu archivieren. Es ist zweifellos besser, sich mit jenen Wesensanteilen des Partners zu beschäftigen, die uns gefallen und gut tun, als mit jenen, die uns ärgern. Es liegt in unserer eigenen Entscheidung, welche Seiten des Partners oder der Partnerin wir in den Vordergrund unserer Wahrnehmung stellen wollen. Wir haben die Wahl, worauf wir unsere Aufmerksamkeit richten.

Die Liebe folgt ihren eigenen Gesetzen. Sie entfaltet sich, wenn sie von der Last alter Schuldeinträge befreit wird und jeden Tag eine neue Chance erhält, damit sie blühen und gedeihen kann.

Eines aber sollten wir uns stets vor Augen führen: dass gerade die Liebe dazu fähig ist, mit einem wohlwollenden Blick die Unebenheiten auszubügeln. Denn hier hat die Bibel tatsächlich Recht: „ Die Liebe rechnet das Böse nicht an."

Geld

Wenn wir mehr Geld hätten, wären wir glücklich

	Ja	Nein
– Können Geldsorgen eine Partnerschaft derart belasten, dass sie zu Störungen in der Beziehung führen?	○	○
– Können Geldsorgen Ursache sein, dass es zu einer Trennung oder Scheidung kommt?	○	○
– Ist eine gesicherte finanzielle Grundlage die beste Voraussetzung für das Gelingen einer Partnerschaft?	○	○

Wenn Sie eine Frage mit einem überzeugten Nein beantwortet haben, dann schätzen Sie den Faktor Geld realistisch ein.

Obwohl eine Volksweisheit lehrt, Geld allein mache nicht glücklich, geistert vielfach die Vorstellung herum, sich nicht um finanzielle Belange kümmern zu müssen, sei bereits ein Glücksgarant.

Selbstverständlich bedeutet es eine äußerst große Belastung, wenn wir uns ständig Sorgen machen müssen, weil wir nicht wissen, wie die Miete zu bezahlen ist. Dass sich ein solcher Kummer auf das Klima in einer Beziehung auswirkt, ist durchaus denkbar. Aber dass sich zwei Menschen durch Geldsorgen derart in die Haare geraten, dass es zu ernsthaften Beziehungsschwierigkeiten führt, hat nichts mit dem Mangel an Geld zu tun, sondern eher damit, wie sie mit Schwierigkeiten und der Selbstverantwortung umgehen.

Wenn in einer Partnerschaft die finanziellen Mittel knapp bemessen sind, kann dieser Tatbestand auch dazu führen, dass sich zwei Menschen ganz besonders verbunden fühlen und sich gegenseitig motivieren, mit vereinten Kräften das Problem anzugehen.

Materielle Sorgen sind für viele schwer auszuhalten, und die Vorstellung, mit einem dicken Geldbeutel dieses Gefühl der Unsicherheit loszuwerden, ist verlockend. Die meisten Menschen streben nach einer einigermaßen soliden finanziellen Grundlage, die es ihnen erlaubt, beruhigt in die Zukunft zu blicken. Deshalb rückt die wirtschaftliche Absicherung vielfach in den Vordergrund und gilt als eines der wichtigsten Anliegen in einer Beziehung.

Das Leben lehrt uns indessen etwas ganz anderes. Sicherheit beruht nicht in erster Linie auf Reichtum, sondern auf einem unerschütterlichen Grundvertrauen in das eigene Schicksal und auf dem Glauben an die eigenen Möglichkeiten, alle Aufgaben, die das Leben stellt, auch meistern zu können. Manche Menschen haben ihr Urvertrauen auf eine religiöse Überzeugung aufgebaut. Es äußert sich dann in Sätzen wie „Ich kann dem lieben Gott nicht aus der Hand fallen". In einer solchen

Aussage kommt ein Grundgefühl großen Vertrauens auf eine höhere Macht zum Ausdruck, zu vergleichen mit einer kindlichen Gewissheit, sich stets in elterlicher Obhut zu wissen. Im Allgemeinen haben jedoch die veralteten kirchlichen Dogmen dank ihrem Ausschließlichkeitsanspruch und nicht zuletzt auch im konsequenten Ausschluss von Frauen von höheren kirchlichen Ämtern dafür gesorgt, dass heute immer mehr Menschen der Zugang zur Religion verbaut ist. Vielen ist daher die Vorstellung einer göttlichen Ordung nicht mehr möglich.

Wird das Grundbedürfnis nach innerem Aufgehobensein jedoch nicht ausreichend abgedeckt, verschiebt es sich auf eine äußere Ebene und wird auf den Besitz von materiellen Gütern, vor allem von Geld, übertragen. So muss der Mammon eine nahezu göttliche Funktion übernehmen, die er aber in keiner Weise zu erfüllen vermag.

Vivian ist ziemlich am Ende: „Alle meine Beziehungen scheitern am Geld", klagt sie. Sie ist davon überzeugt, irgendetwas falsch zu machen. Ihre erste Ehe ging nach acht demütigenden Jahren in die Brüche. Sie hatte das knauserige Verhalten ihres Mannes nicht mehr ausgehalten und ging mit den zwei kleinen Kindern weg. Obwohl ihr Mann gut verdiente, hielt er sie nicht nur äußerst kurz, sondern sie musste selbst das Haushaltsgeld in kleinsten Raten erbitten. Je nach Lust und Laune gab er ihr Minibeträge, mit denen sich nicht einmal ein Wocheneinkauf tätigen ließ. Obwohl sie endlose Diskussionen darüber führten, war er nicht bereit, sein Verhalten zu ändern. Sein Vater habe das schon so gemacht. Und schließlich seien Frauen wie ein Fass ohne Boden. Da könne man das Geld auch ebenso gut aus dem Fenster werfen. Vivian liebte ihren Mann bis zuletzt. Er hatte auch andere Seiten, die waren liebenswert, nur in diesem einen Punkt sei ein Zusammenleben unerträglich gewesen. Sie fantasierte oft, sie wäre eine reiche Erbin und verfügte über eigenes Geld; dann hätte sie diese Probleme nicht und könnte eine glückliche Ehe führen.

Nach der Scheidung lernt sie Horst kennen. Vivian arbeitet wieder in ihrem alten Beruf als kaufmännische Angestellte; die Betreuung der Kinder organisiert sie mit Nachbarinnen. Zunächst ist Geld in der neuen Beziehung kein Thema. Bei gemeinsamen Unternehmungen werden die Kosten geteilt. Horst arbeitet als freischaffender Grafiker; der Geschäftsgang ist zwar nicht allzu üppig, aber er kann allen seinen Verpflichtungen nachkommen. Dann kommt ihnen die Idee, ein kleines Häuschen am Stadtrand zu mieten und zusammenzuziehen. Auch soll dort das Studio von Horst untergebracht werden. Auf diese Weise sind die finanziellen Belastungen für beide etwas geringer. Zunächst geht alles gut, und sie heiraten sogar. Dann arbeitet Horst kontinuierlich weniger und bemüht sich auch nicht sonderlich, neue Aufträge zu bekommen. Die anfallenden Rechnungen für das Haus kann er bald nicht mehr zur Hälfte übernehmen. Vivian zahlt immer mehr. Irgendwann kommt sie für die gesamten Kosten auf. Sie macht Überstunden, um alles bezahlen zu können. Horst hält sich raus und zeigt auch keine Absicht, sich wenigstens an den vielen Arbeiten, die bei einem Haus anfallen, zu beteiligen. Vivian bekommt Existenzängste und erleidet einen Zusammenbruch. Sie muss für eine Weile in einer Klinik bleiben. Horst kümmert sich mit großer Anteilnahme und Zärtlichkeit um ihre Gesundheit. Aber sobald sie wieder hergestellt ist, arbeitet Vivian wieder rund um die Uhr, damit sie sowohl ihren als auch seinen finanziellen Verpflichtungen nachkommen kann.

Bevor es zu einem zweiten Zusammenbruch kommt, überlegt sie sich, ob es nicht besser wäre, sich von Horst zu trennen. Sie sieht sich als Opfer einer Situation, in der wieder das mangelnde Geld die entscheidende Rolle spielt. Wieder träumt Vivian vom großen Reichtum, der sie von ihren Beziehungsproblemen befreien würde.

Es ist ein verhängnisvoller Irrtum anzunehmen, dass die Verfügung über ausreichende finanzielle Mittel alle Beziehungsstörungen beseitigen würde. Geld bestimmt nicht die Qualität einer Beziehung, sondern konfrontiert uns mit unserer Bereitschaft, die Verantwortung für das eigene Dasein zu übernehmen.

Gerade in der Partnerschaft neigen wir dazu, die Realität zugunsten einer Illusion auszublenden. Wir schieben uns gegenseitig die Zuständigkeit für unser Glück zu und erwarten, dass die andere Person die eigene Erwartung erfüllt. Bei genauer Analyse der wirtschaftlichen Misere wird deutlich, dass nicht das Geld das Problem ist, sondern wie wir damit umgehen. Daran zeigt sich, ob wir in der Lage sind, uns vollumfänglich für unser Leben zuständig zu fühlen. In der Erwartung, uns nicht um Geld kümmern zu müssen, gehen wir davon aus, dass eine andere Person, also der Partner oder die Partnerin, unsere Angelegenheiten regeln soll.

Die Beziehungsprobleme, die sich am Geld entzünden, geben Aufschluss darüber, inwieweit ein Mensch erwachsen ist oder ob er sich auf der Stufe eines Kindes befindet, das an die Fürsorge der elterlichen Instanz appelliert. In einer solchen Beziehungskonstellation schlüpft die eine Person in die Rolle des abhängigen Kindes und die andere in die des verantwortlichen Elternteils. Beide Rollen entsprechen nicht der Realität.

Im Fall von Vivian wird das sehr deutlich. In ihrer ersten Ehe fiel sie auf den Verantwortungsgrad einer Achtjährigen zurück, die versucht, mit einem schmalen Taschengeld auszukommen, selbst die Kleider sollten davon noch bezahlt werden. Der Mann hingegen borgte sich die Elternrolle aus, wohl in Ermangelung der eigenen Möglichkeiten, erwachsen zu sein. Da er keine eigene Identität besitzt, identifiziert er sich mit seinem Vater, übernimmt seine Verhaltensweisen, repetiert seine Worte, ohne sich ernsthaft mit seinem eigenen Leben auseinander zu setzen. Daran scheiterte die Beziehung, aber nicht am Geld.

Eine Frau, die sich um den Haushalt kümmert und Kinder großzieht, ist alles andere als unmündig. Sie trägt eine große Verantwortung für die Familie, oft ist die ihrige größer als die des Partners. Und somit steht ihr auch selbstverständlich die Verfügungs- und Bestimmungsgewalt über die Hälfte des Geldes zu, das der Partner dank ihrem Einsatz für die Familie erwirtschaftet. Jede Frau, die sich mit der Rolle der Abhängigen begnügt, betrügt sich selbst. Sie spielt ihre Kompetenz herunter, macht sich klein, lässt es zu, dass sie zur Bittstellerin wird. Die wenigsten halten diese Kränkung über längere Zeit aus, auch wenn sie von ihr selbst zugelassen wird. Irgendwann landet die Frau in der Rolle des Opfers, grollt und macht andere für die Misere verantwortlich. Der Mann indessen mutiert zum Übermann, zum Übervater und pumpt sein kümmerliches Selbst immer mehr mit falscher Luft auf. Gerade in einer patriarchalen Gesellschaft wie der unseren hat ein solcher Mann noch immer gute Chancen, seinen Allmachtsfantasien ungehindert nachzugehen. Und es ist noch nicht lange her, da die Frau von Gesetzes wegen in wirtschaftlichen Belangen dem Mann unterstellt war.

Eine Trennung erscheint als der letzte Ausweg, in derartigen Fällen zumeist von der Frau initiiert, weil sie die Dauerkränkung nicht aushält.

Das Beispiel von Vivian und Horst zeigt noch eine andere Facette, die der Umkehrung. Vivian hat in ihrer zweiten Ehe nicht nur die Elternfunktion für ihre Kinder, sondern auch noch für ihren Ehemann übernommen. Während Horst auf die Stufe eines abhängigen Kindes zurückfällt, das alles als selbstverständlich erachtet, was die Eltern für es tun, ohne in irgendeiner Form eine Gegenleistung in Betracht zu ziehen.

Langfristig ist eine solche Konstellation ebenfalls nicht von Bestand. Während Kinder erwachsen werden, ausziehen und die Eltern aus der fürsorgenden Funktion entlassen, wollen Partner und Partnerinnen, die sich weigern, erwachsen zu werden, lebenslang durch die Welt getragen werden. Auch hier ist nicht der Geldmangel schuld, wenn es zu Spannungen in der Partnerschaft kommt, sondern die ungleiche Verteilung der Verantwortung. Die eine Person entzieht sich den Aufgaben, selbst wenn die andere unter deren Last fast zusammenbricht.

Wer sich seiner Verantwortung entzieht, büßt einen wichtigen Teil seiner Lebensqualität ein. Es gibt wohl keinen größeren Genuss, als sich einer Aufgabe zu stellen und sich an ihrer Lösung zu üben, selbst dann, wenn wir feststellen müssen, dass wir sie nochmals angehen müssen. Schließlich ist es ein

Ausdruck der eigenen Identität, Fähigkeiten, Talente und Kompetenzen zu entfalten, sein eigenes Leben in die Hand zu nehmen und zu gestalten. Auf eine solche Herausforderung zu verzichten, ist vergleichbar mit einem Vogel, der sich weigert, seine herrlichen Schwingen auszubreiten und durch die Lüfte zu schweben.

Wer andere für sich aufkommen lässt, lässt andere über sich bestimmen und hängt dadurch sein Selbstbestimmungsrecht an den Nagel. Als Folge davon macht sich ein Gefühl breit, versagt zu haben. Die Schattenseite des Lebens wird plötzlich zum eigenen Mittelpunkt.

Es ist ein fataler Trugschluss, mangelnde finanzielle Mittel als Grund für eine nicht funktionierende Beziehung oder überhaupt für ein unzufriedenes Leben anzunehmen. Denn wer mit Geld Schwierigkeiten hat, muss in erster Linie die Beziehung zur eigenen Verantwortlichkeit regeln.

Wenn wir uns in unserer Beziehung um Finanzen streiten, ist es bei einer Aufarbeitung der Auseinandersetzungen sehr hilfreich, die Begriffe „Geld" und „Verantwortung" auszutauschen. Reden wir also nicht darüber, wie viel jeder bezahlt und wie viel Geld uns fehlt, sondern eher über die Tatsache, wie viel Verantwortung für sich selbst und für die Gemeinschaft jeder und jede zu übernehmen bereit ist. Statt einander immer wieder den prekären Satz an den Kopf zu werfen: „Wenn wir mehr Geld zur Verfügung hätten, würde es auch mit unserer Beziehung besser klappen", sollten wir eine Formulierung wagen: „Wenn wir mehr Verantwortung übernähmen, ginge es auch unserer Beziehung besser." Auch eine Aussage wie: „Ich möchte endlich mehr Geld zur Verfügung haben" muss zu einem: „Ich möchte endlich mehr Verantwortung übernehmen" umgewandelt werden. Diese Sätze hören sich zunächst nicht sehr freundlich an und sind für manche Menschen sogar im höchsten Maße unangenehm. Das ist ein gutes Zeichen und deutet darauf hin, dass die Worte zutreffen. Oft braucht es Zeit, sich mit der Wahrheit einer Aussage anzufreunden. Deshalb ist es wichtig, sich nicht unter Druck zu setzen, sondern sich genügend Zeit zu lassen.

Vielleicht sollten wir zunächst einfach gründlich darüber nachdenken, was unter dem Begriff Verantwortlichkeit in Bezug auf das eigene Leben zu verstehen ist, und uns mit der Aufforderung, die darin enthalten ist, anfreunden.

Denn wer Geldsorgen für das Scheitern einer Beziehung verantwortlich macht, betrügt sich selbst. Es zeigt einerseits ein Unvermögen, die Verantwortung für sich selbst zu tragen, andererseits eine enorme Selbstüberschätzung, sie für beide gleichzeitig übernehmen zu wollen und sie der anderen Person nicht zuzumuten. Es ist grundsätzlich falsch, davon auszugehen, dass eine andere Person für uns sorgen und aufkommen soll, wie es ebenso ein Trugschluss ist zu meinen, wir könnten diese Aufgabe für jemanden erledigen.

Je früher wir diese Illusion aufgeben, umso schneller sind wir die Beziehungsschwierigkeiten los, die vordergründig als ökonomische Probleme deklariert werden.

Wir haben dieses Leben als Geschenk mit der Bedingung bekommen, möglichst gut dafür zu sorgen und für alles, was mit uns zu tun hat, die volle Verantwortung zu tragen.

Harmonie

Wir streiten uns nie

	Ja	Nein
– Wenn Sie sich über Ihren Partner oder Ihre Partnerin geärgert haben, ziehen Sie es dennoch vor, dem Frieden zuliebe zu schweigen?	○	○
– Versuchen Sie, auch dann noch zu lächeln, wenn Ihnen schon längst nach Heulen zumute ist?	○	○
– Vermeiden Sie es, Ihrem Partner oder Ihrer Partnerin zu zeigen, wenn Sie gekränkt oder verletzt sind?	○	○

Wenn Sie . . .

. . . eine Frage mit Ja beantworten: Wundern Sie sich nicht, wenn es in Ihrer Partnerschaft etwas langweilig ist.

. . . zwei Fragen mit Ja beantworten: In diesem Klima wird sich die Liebe allmählich davonschleichen.

. . . drei Fragen mit Ja beantworten: Die Tage des Glücks sind gezählt.

Es fällt Ihnen schwer, eigene aggressive Impulse wahrzunehmen und zum Ausdruck zu bringen. Sie haben große Mühe, negative Gefühle wie Ärger und Wut Ihrem Partner oder Ihrer Partnerin zu zeigen. Sie befürchten, wenn Sie Ihre wahren Gefühle zeigten, würde sich Ihr Partner oder Ihre Partnerin aus dem Staub machen.

„Wir sind seit fünf Jahren verheiratet und glücklich wie am ersten Tag", verkünden Margot, kaufmännische Angestellte, und Heiner, Abteilungsleiter, während sie sich Händchen haltend strahlend anschauen. Sie haben schon einige Ehen in ihrem Freundeskreis scheitern sehen und sind über den unerbittlichen Kampf, den Paare gegen einander führen können, zutiefst schockiert. Nein, Derartiges könnte ihnen niemals passieren, davon sind sie überzeugt, denn: „Seit wir uns kennen, kam nie ein lautes Wort über unsere Lippen. Wir streiten uns nie, wir sind immer gleicher Meinung." Von Anfang an hatten sie strengstens darauf geachtet, erst gar keine Mißstimmung aufkommen zu lassen. Sie pflegen einen stets freundlichen und höflichen Umgangston, damit sich nichts Unharmonisches einschleichen und sich keine ungute Stimmung ausbreiten kann. Bis vor kurzem ist ihnen das auch gelungen, doch nun scheint sich etwas gravierend zu verändern: Margot möchte ausziehen und bei einer Freundin Unterschlupf suchen, vorübergehend nur, um in aller Ruhe über sich und ihre Beziehung nachzudenken.

Was ist geschehen? Eigentlich nichts – jedenfalls nichts Außergewöhnliches oder gar Dramatisches, das diese heftige Reaktion erklärt. Obwohl Heiner mit allen Mitteln versucht, Margot von ihrem Vorhaben abzubringen, bleibt sie dabei: „Ich muss weg. Ich bekomme hier keine Luft mehr." Heiner versteht überhaupt nichts mehr, und auch Margot fällt es schwer, sich selbst zu verstehen – ganz zu schweigen von ihren Freunden und Bekannten, die, als es bekannt wurde, aus allen Wolken fielen. Die beiden galten als ausgesprochenes Musterpaar, von vielen beneidet, von einigen allerdings auch skeptisch beobachtet.

Das Bedürfnis nach einem harmonischen Zusammenleben ist bei den meisten Menschen vorhanden. Je drängender der

Wunsch, umso größer ist die Gefahr, der Harmonie zuliebe darauf zu verzichten, negative Gefühle und Verletztheiten bei sich wahrzunehmen. Wir übergehen unseren Ärger, reden uns vielleicht ein, dass doch alles gar nicht so schlimm sei. Mit der Zeit vertrauen wir unseren Wahrnehmungen nicht mehr und entfernen uns von uns selbst, kommen uns irgendwann abhanden und fühlen uns fremd. Wir spielen fremde Rollen, sprechen fremde Texte, halten uns an Regeln, die wie ein Konstrukt in der Luft hängen, im Alltag aber nicht einhaltbar sind, weil sie am Leben vorbeigehen. Dahinter steckt eine immens große Anstrengung, nämlich sich selbst zu verleugnen. Die eigenen Gefühle und Emotionen zu unterdrücken, ist mit einem Kampf vergleichbar, der gegen einen selbst gerichtet ist. Diese große Anstrengung nehmen wir aus Angst auf uns, weil wir irrtümlicherweise davon ausgehen, die Harmonie und das gute Einvernehmen wären sonst ernsthaft gefährdet und der Partner oder die Partnerin würde sich von uns abwenden.

Leider aber kann Harmonie in der Partnerschaft nicht wie ein Produkt hergestellt werden; sie ist grundsätzlich nicht „machbar". Die Wurzel des Wortes „Harmonie" liegt im griechischen Begriff „harmonia" und bedeutet Ebenmaß, Einklang oder ein richtiges Verhältnis aller Teile zueinander. Der Mensch verfügt über die Fähigkeit, in einem Zusammenspiel von Verstand, Gefühl und Intuition abzuwägen, zu entscheiden und zu handeln. Beim Versuch, einen Bereich auszuschließen, z. B. uns nur nach dem Verstand auszurichten und alles, was aus dem Gefühls- und Intuitionsbereich stammt, zu übergehen, verlieren wir leicht unsere Balance, geraten in eine Schieflage und fallen aus der Harmonie heraus. Das ausschließlich vom Verstand diktierte und deshalb krampfhafte Bemühen, Harmonie erzeugen zu wollen, führt auf direktem Weg genau dorthin, was wir vermeiden wollten: in die Disharmonie.

In einer Beziehung wird sich Harmonie einstellen, wenn Verstand und Gefühle zu gleichen Teilen demokratisch zu ihrem Recht kommen. Die Versuchung, Harmonie willentlich erzeugen zu wollen, ist allerdings groß. Vor allem ist sie eine Falle für all jene Personen, die gewohnt sind, sich nach bestimmten Leitideen und den daraus resultierenden theoretischen Konzepten auszurichten und die eine heile Welt anstreben. Da werden nur die zur Idee passenden Gefühle zugelassen, unpassende aber abgewehrt. Menschen mit einem großen Harmoniebedürfnis erlauben sich grundsätzlich nicht, negative Emotionen und Gefühle wie etwa Ärger, Empörung oder Wut wahrzunehmen, geschweige denn, sie auch noch zuzulassen und nach außen zum Ausdruck zu bringen. Sie übergehen diese Emotionen einfach, verdrängen alles, was unangenehm ist, und tun so, als ob alles in bester Ordnung sei. Sie lächeln, wenn ihnen eigentlich das Wasser schon bis zum Hals steht und sie ihren Tränen den Vortritt lassen sollten. Sie sprechen freundlich und leise, statt empört loszubrüllen. Sie werden im günstigsten Fall etwas zynisch und sarkastisch, wenn sie etwas tief im Verborgenen quält oder kränkt.

Nun ist aber eine Beziehung ein lebendiger, höchst sensibler und störanfälliger Organismus, der seismographisch auf alles sofort reagiert, was sich im Gefühlsbereich der beiden Partner abspielt. Wenn wir aufgebracht, verärgert und wütend sind oder uns gekränkt und verletzt fühlen, aber keinen Ausdruck für diese Gefühle finden, werden sich diese nicht etwa in Luft auflösen und für immer verschwinden. Nein, sie winden sich wie Schlingpflanzen um unsere Seele, engen und schnüren sie ein, bis wir eines Tages fast keine Luft mehr bekommen. Und da wir Teil der Beziehung sind, wird auch die Partnerschaft unter Atemnot zu leiden haben. Irgendwann stirbt die Beziehung ab, und zurück bleibt ein freundlich freudloses Zusammenleben.

So sind wir infolge unseres eigenen Bemühens, die Beziehung möglichst frei von Störungen zu halten, zu Gefangenen im eigenen Haus geworden und tragen dazu bei, dass wir es dort kaum noch aushalten. Dann verstehen wir die Welt nicht mehr, wenn wir, trotz größter Anstrengung, unglücklich sind und nur eines wollen: raus!

Der Impuls, Luft zu holen und für einige Wochen zu verreisen oder auszuziehen, scheint zunächst die Lösung des Problems zu sein. Der Wunsch, wieder zu sich selber zu finden, ist stärker als alle verstandesmäßigen Bedenken. Es ist, als ob jemand versuchte, die Luft anzuhalten. Wir können noch so viel Willenskraft aufwenden: Nach einer bestimmten Zeit sind wir dazu gezwungen, wieder einzuatmen, ob wir wollen oder nicht. Menschen, die aus einer Beziehung flüchten, weil es ihnen zu eng wird und sie keine Luft mehr bekommen, haben keine andere Wahl. Sie retten ihr Leben. In der Regel übernimmt irgendwann einer der beiden Partner diese Aufgabe und bringt den Missstand ans Tageslicht – weil er oder sie einfach nicht mehr anders kann. Es hätte aber erst gar nicht so weit kommen müssen, dass einer der beiden unter Atemnot zu leiden beginnt. Ein Streit hätte helfen können, frühzeitig Signale zu setzen, die eigenen Anliegen zu vertreten und Grenzen zu setzen.

Der Streit ist in der Partnerschaft ein wichtiges und die Liebe erhaltendes Element. Wer streitet, wird wahrhaftig, zeigt das, was er oder sie wirklich denkt und will. Der Streit fordert uns heraus, aggressive Impulse zu nutzen, ohne die schließlich das Leben gar nicht existieren kann. Die Mystikerin des 12. Jahrhunderts, Hildegard von Bingen, verwendet dafür den Ausdruck „Grünkraft". Ohne diese vorwärts drängende Kraft gibt es nichts Werdendes. Gerade Frauen haben oft mehr Mühe als Männer, diese vitale Energie für sich einzusetzen. In unserer Gesellschaft werden Frauen, die ihre Anliegen überzeugt vertreten und es wagen, öffentlich ihre Meinung klipp und klar darzulegen, noch immer als unweiblich abqualifiziert oder als Emanze verschrieen, was einer grundsätzlichen Missachtung und Verspottung weiblicher Anliegen gleichkommt. Wenn sich Frauen für ihre persönlichen Bedürfnisse oder gar für Rechte einsetzen, müssen sie damit rechnen, eins auf den Deckel zu bekommen. Deshalb ist es nicht verwunderlich, wenn viele Frauen diese Erfahrung auf die Partnerschaft übertragen und ihre Aggressionen, die sie gegen den Partner haben, unterdrücken, verkapseln und eher indirekt äußern. Nicht offen zum Ausdruck gebrachte Aggressionen, die nicht offen ausgetragen werden, schleichen sich durch die Hintertüre wieder herein. Da nützen dann die höflichsten und freundlichsten Worte nichts mehr, die unterdrückte Wut nagt hintergründig und wird dafür sorgen, dass irgendwann das harmonische Beziehungsarrangement in die Luft fliegt.

Dennoch fürchten nicht wenige Paare einen Streit und laute Worte mehr als die Pest. Die Befürchtung, dass Geschirr zerschlagen wird und es nie mehr zu einer Einigung kommen könnte, ist groß.

So aber wird richtig gestritten: Zuerst sollten wir lernen, unsere Gefühle wahrzunehmen. Dies ist vor allem für jene nicht einfach, die bereits im frühen Kindesalter dazu erzogen wurden, negative Regungen zu unterdrücken. Es gibt Familienideologien, in denen klar deklariert ist, was anständig, also wünschenswert, ist und was sich nicht gehört. Nicht selten werden Verhaltensweisen, die sich außerhalb der Familiennorm bewegen, als „primitiv" bezeichnet. Kinder begreifen das schnell, sie wollen selbstverständlich geliebt werden und können sich einen Ausschluss aus dem familiären Kreis nicht leisten. Das unter Befürchtungen und Angst Gelernte bleibt vielen im Erwachsenenalter erhalten: Die Verhaltensregeln gelten auch dann noch, wenn es dafür keinen ersichtlichen Grund mehr gibt.

Das in der Kindheit erlernte Verhalten muss also wieder verlernt werden. Wir müssen erneut dahin kommen, alles, was wir fühlen, wahrzunehmen und zu akzeptieren. Dies geschieht nicht von heute auf morgen, sondern braucht Zeit.

Für diesen Prozess kann es sich als sehr hilfreich erweisen, stets ein kleines Notizbuch mit sich zu führen, in dem wir folgende Fragen eintragen und zu beantworten versuchen: Wie geht es mir wirklich? Was fühle ich? Was oder wer ärgert mich? Was macht mich wütend? Vielleicht können wir am Anfang überhaupt nichts wahrnehmen – das ist ohne Bedeutung und völlig normal. Wer sich über Jahre verboten hat, die gesamte Bandbreite seiner Gefühle und Empfindungen wahrzunehmen, braucht etwas Geduld und Zeit. Die ausgegrenzten Gefühle müssen sich zuerst an die veränderte Situation gewöhnen und begreifen, dass sie genauso eine Daseinsberechtigung haben. Je länger wir uns selbst ernsthaft fragen, umso klarer erteilen wir uns die Erlaubnis, nach den eigenen Gefühlen zu forschen, sie zuzulassen und sie zu benennen. Und erst wenn wir sie kennen, werden wir uns auch gezielt für unsere Anliegen stark machen und sie wehrhaft verteidigen können.

Wenn diese Vorarbeit geleistet ist – und wie gesagt, es kann dauern –, ist es gut, wenn Paare Spielregeln miteinander aushandeln, z.B. nie länger als 10 Minuten zu streiten, sowie einen speziellen Streitort wählen. Auch ist es nützlich – aus Trainingsgründen! – wenigstens einmal pro Woche in die Streitarena zu steigen. Die Themen könnten lauten: Was nervt, stresst, ärgert, empört oder macht mich wütend? Falls wir es nicht mehr genau wissen, gibt das Notizbuch Auskunft. Als weitere Regel sollte beachtet werden, dass immer nur einer redet und stets in der Ichform gesprochen wird. Das ist ein wichtiger Schutz, um den anderen nicht mit Tausenden von Vorwürfen zu überschütten, um ihm nicht seinen grundsätzlich unmöglichen Charakter vorzuwerfen, ihn mit sämtlichen Untaten zu konfrontieren, ihm nicht seine liederliche Einstellung zum Leben und was uns noch so alles dazu einfallen mag, unter die Nase zu reiben.

Wenn wir jeden Satz mit „Ich" beginnen, ist der andere vor den Frontalangriffen auf sein Selbstwertgefühl weitgehend geschützt, denn wir sprechen über uns und nicht über den anderen. Der Streit sollte nicht dazu führen, dass wir hinterher verletzt im Schlachtfeld liegen bleiben, sondern dass wir mehr über unangenehme Stimmungen und negative Gefühle von einander erfahren und uns dadurch besser verstehen lernen.

Als weiteres sollten wir darauf achten, hinterher nicht noch in endlose Diskussionen zu verfallen, uns zu rechtfertigen und einzelne Schimpfpassagen auseinander zu nehmen. Nach zehn Minuten muss Schluss sein. Mit einer Eieruhr lässt sich die Zeit gut einhalten. Es ist ein hervorragendes Training zu lernen, sich einerseits zu öffen und andererseits toleranter zu werden.

Wer in der Partnerschaft lernt, auch Unangenehmes auszusprechen, wer lernt, zu sich und seinen Gefühlen – wie auch immer sie sein mögen – zu stehen, wird dafür sorgen, dass die Beziehung stets mit belebendem Sauerstoff versorgt wird. Wir verschaffen uns dadurch Distanz und Freiraum, um die eigene Identität zu erleben. Wem es gelingt, sich in der Partnerschaft frei zu bewegen und zu atmen, wird kaum die Notbremse ziehen und als letzte Rettung ausziehen, um zu überleben.

Streiten verbindet, so sagt eine alte Weisheit. Darüber hinaus aber verbindet uns jede Auseinandersetzung, die wir mit dem Partner oder der Partnerin führen, auch noch mit uns selbst, quasi als Rückbindung mit unserem Innersten.

Nie sind wir kraftvoller, als wenn wir das Wagnis eingehen,

dem anderen unser wahres Gesicht zu zeigen. Nie sind wir liebender, als wenn wir uns und unseren Gefühlen die Treue halten. Wer nur einen Teil seiner Gefühle akzeptiert und zulässt, kann sich noch so sehr um Harmonie bemühen. Wer Teile, die zu ihm gehören, ausschließt, lebt nur halb, geht dem Leben aus dem Weg und verpasst schließlich die Begegnung mit dem Partner oder der Partnerin – vor allem aber auch mit sich selbst.

Karriere

Du denkst nur an dich

	Ja	Nein
– Sollten die beruflichen Interessen der Frau in einer Beziehung immer eine zweitrangige Rolle spielen?	○	○
– Ist es vertretbar, von seiner Partnerin zu verlangen, auf die berufliche Karriere zu Gunsten der Familie zu verzichten?	○	○
– Nehmen die Kinder Schaden, wenn sich die Mutter beruflich ganztags engagiert?	○	○

Wenn Sie nur ein einziges Mal mit Ja geantwortet haben, dokumentieren Sie damit, dass die seit Jahren geführte Diskussion um Gleichberechtigung von Mann und Frau spurlos an Ihnen vorbeigegangen ist. Sie gehen von einem patriarchalen Ordnungssystem aus, das Frauen auf Grund ihrer Biologie zu dienenden Funktionen verpflichtet.

Zweifellos bringt diese Rollenzuteilung Männern einen immensen Gewinn, ist es ihnen doch dadurch möglich, ungehindert ihre eigene Karriere zu verfolgen und ihren Interessen nachzugehen, während sich die Frau um eine gut funktionierende Infrastruktur für Kinder und Küche, Ehe und ehemännliches Wohl, Haus, Hof und Haustiere zu kümmern hat – und wenn noch etwas Zeit übrig bleibt, kann sie ruhig auch mal zum Friseur.

Die männliche Position wird durch diesen Service höchst komfortabel, und es ist daher nicht verwunderlich, dass abenteuerliche Argumente bemüht werden, um diese Ungleichheit zu legitimieren. Aber es gibt auch Frauen, welche die Wahrung männlicher Vorherrschaft und Privilegien eifrig unterstützen. Solche Frauen paktieren mit den Männern, nehmen eine männliche Sicht ein, identifizieren sich mit deren Anliegen und Forderungen, verteidigen männliche Ansprüche und bemerken oft zu spät, dass sie sich damit ins eigene Fleisch schneiden. Sie machen mit den Siegern dieser Gesellschaft gemeinsame Sache, was sich nicht selten auch darin zeigt, dass sie das eigene Geschlecht als weniger kompetent deklarieren oder gar so weit gehen, unbekümmert zu verkünden: Frauen mag ich eigentlich nicht. Dahinter verbirgt sich eine Katastrophe. Wer andere Frauen ablehnt, lebt mit sich und der eigenen Weiblichkeit in Unfrieden und Fehde und verzichtet auf eine eigene Identität. Wer anderen Frauen Kompetenz abspricht, glaubt auch nicht an die eigene. Auf einer solchen Basis können langfristig nur Beziehungen überleben, wenn die Frau sich zurücknimmt und auf ein eigenes Leben verzichtet.

Iris kann es kaum fassen. Nach beinahe fünfzehn Jahren Familienarbeit ist ihr der Wiedereinstieg ins Berufsleben geglückt. Obwohl sie sich nicht ungern um Haushalt und Kinder (Tochter 13 Jahre, Sohn 14 Jahre) mit dem ganzen Drum und Dran kümmert, vermisste sie doch eine beruflich anspruchsvolle Aufgabe und Herausforderung. Es war ihr aber immer klar, dass sie eines Tages wieder in den Beruf zurück gehen würde, wenn nicht in ihren angestammten als Buchhändlerin, dann doch in einen ähnlich ausgerichteten Tätigkeitsbereich. So hat sie sich denn stets für alles, was ihr Gebiet betrifft, interessiert und sich darüber informiert. Während der letzten Jahre besuchte sie auch Kurse, um sich – für alle Fälle – ein fundiertes Computer- und Internetwissen anzueignen. Als eine Teilzeitstelle als Assistentin in einem jungen Verlagsunternehmen ausgeschrieben wird, packt sie die Chance beim Schopf, schickt kurz entschlossen ihre Unterlagen und wird unter neun Bewerberinnen ausgewählt. Zuerst arbeitet sie zwei Tage pro Woche, dann drei, es werden immer mehr, und es dauert nicht lange, bis der Vollzeitjob vor der Tür steht, mehr noch: Sie wird Leiterin der Verkaufsabteilung.

Iris hat die Arbeit gefunden, die sie rundum befriedigt und glücklich macht. Zu Hause ist alles bestens organisiert. Alltagsarbeiten sind auf die verschiedenen Familienmitglieder verteilt, was in der Anfangszeit nicht reibungslos abläuft, vor allem keine große Begeisterung auslöst. Iris aber bleibt zuversichtlich, sie ist davon überzeugt, dass sich nach einer Gewöhnungszeit alles regelt. Eine Zugehfrau kümmert sich um Haus und Wäsche.

Aber die Sache hat einen entscheidenden Haken: Otto. Ihr Ehemann will ihren Erfolg nicht akzeptieren. Er verlangt, dass Iris eine neue Stelle sucht und höchstens an drei Tagen in der Woche arbeitet. Er sei nicht bereit, eine Ehe zu führen, in der die Ehefrau ihre Pflicht in grober Weise vernachlässige. Zudem sei es auch den Kindern gegenüber ein nicht wieder gutzumachender Fehler. Er erwartet von ihr, dass sie entweder die Stelle ganz aufgibt oder sich eine andere Teilzeitarbeit sucht.

Diese Einstellung spiegelt das patriarchale Ordnungssystem: Während dem Mann ein breites Spektrum von Tätigkeitsbereichen und Funktionen offen steht, gibt es für viele Frauen immer noch nur einen eingegrenzten Arbeitsbereich – in erster Linie Familienarbeit und, wenn es denn nicht zu umgehen ist, eine Tätigkeit, die, möglichst nahtlos und ohne große Störungen zu verursachen, unauffällig zwischen den Pflichtaktivitäten für die Familie erledigt werden kann.

Während der Mann seine Fähigkeiten und Begabungen ausbreitet, sich schult und weiter perfektioniert, bleibt vielen Frauen nichts anderes übrig, als sich mit ihrem eingeschränkten Kompetenzradius zu begnügen. Einerseits stellen die fehlenden Kindertagesplätze ein nur schwer überwindbares Hindernis dar, dass sich Frauen beruflich engagieren, andererseits sitzt noch vielen Frauen das unbewusste alte Dogma in den Zellen, dass Frauen in erster Linie für das Wohl der Familie zuständig sind. Diese Haltung findet sich gar bei Frauen, die von ihrem Verstand her grundsätzlich jede hierarchische Struktur strikt ablehnen. Frauen, die in ihrem eingegrenzten Zuständigkeitsbereich haften bleiben, bilden keinerlei Gefahr für das Machtgefüge, das unter Männern aufgeteilt ist. Sie bedrohen den Mann in keiner Weise, indem er zu befürchten hat, von einer Frau aus seiner Position verdrängt und ausgehebelt zu werden. Deshalb macht es Sinn, dass die Oben/Unten-Struktur des Patriarchats mit seinen Privilegien für Männer noch immer von vielen Männern verteidigt wird. Die angeführten Argumente zielen allesamt darauf ab, Frauen als Menschen mit beschränkter Kompetenz auszuweisen. Obwohl die Technik im letzten Jahrzehnt des 20. Jahrhunderts Quantensprünge gemacht hat, hinkt die Entwicklung hinterher, wenn es darum geht, Männer und Frauen als gleichberechtigte Menschen zu akzeptieren. Die Flucht in biologisch begründete Argumente ist eine Bankrotterklärung an die Intelligenz und offenbart die Geisteshaltung, die zu Anfang des 20. Jahrhunderts ihr Unwesen trieb. Da wurde u. a. durch die Ausmessung der Schädelgröße der „Beweis" erbracht, dass der weibliche Kopf in der Regel etwas kleiner als der männliche ausfällt und folglich auch die Hirnmasse entsprechend kleiner sein muss. Mikrochip lässt grüßen! Und auf Grund der kleineren Hirnmasse ist es ja auch „natürlich", dass die Frau Kinder gebärt – da muss nicht viel gedacht werden! –, sich hinterher um die Aufzucht kümmert und dem Manne dient. Falls solch abstruse Argumentationen nicht mehr greifen wollen, wird der letzte Joker gespielt: Frauen sollen nicht arbeiten, weil Kinder dann verwahrlosen. Es ist beachtlich, wie lange sich auch diese völlig falschen Behauptungen, die inzwischen in Studien x-fach widerlegt worden sind, in den Köpfen von Männern und Frauen herumgeistern und sich hartnäckig halten.

Kein Kind auf der Welt wird der Verwahrlosung anheim fallen, drogenabhängig werden und eine kriminelle Laufbahn einschlagen, *nur* weil die Mutter berufstätig ist. Dies ist patriarchaler Unsinn! Ein Kind benötigt für seine Entwicklung Resonanz, Spiegelung und Interesse an seiner Person. Dies ist die Grundlage, auf der sich ein Kind gut aufgehoben und geliebt fühlt. Ob das ganze Beziehungsangebot allein von der Mutter oder aber von verschiedenen dem Kind liebevoll zugewandten Bezugspersonen abgedeckt wird, ist nicht entscheidend.

Wer aber mit der Verwahrlosungskeule droht, sollte vielmehr dafür sorgen, dass in sämtlichen Gemeinden gut ausstaffierte Krippenplätze mit hervorragend ausgebildeten und entsprechend gut besoldeten KleinkindbetreuerInnen vorhanden sind, und sollte alles daransetzen, dass bestens organisierte Tagesschulen eingerichtet werden, selbstverständlich mit speziell ausgebildeten Aufgabenbetreuungspersonen bis 18 Uhr. Und wer sich für diese für Kinder elementar wichtigen Belange nicht einsetzt, zeigt damit, dass es ihm überhaupt nicht um das Wohl des Kindes, sondern in erster Linie darum geht, die Frau mit familiären Pflichten an das Haus zu binden und aus dem Berufsverkehr zu ziehen, damit die Vorherrschaft des Mannes ungeschmälert erhalten bleibt.

Und noch etwas. Viele Frauen gehen einer beruflichen Tätigkeit nach, weil sie aus wirtschaftlichen Gründen keine andere Möglichkeit haben. Entweder reicht der alleinige Verdienst des Mannes nicht aus, um eine Familie zu ernähren, oder es handelt sich um die stetig wachsende Zahl von Alleinerziehenden. Da zwei Drittel der Ehen geschieden werden (in Großstädten die Hälfte), leben mindestens 40 % aller Kinder in Einelternfamilien. Diese Alleinerziehenden, bis auf wenige Ausnahmen sind es vorwiegend Frauen, haben überhaupt gar keine andere Wahl. Eine Scheidung ist in der Regel nicht einfach. Neben vielen anderen schwer zu verarbeitenden Emotionen kommen auch noch Schuldgefühle gegenüber den Kindern dazu. Die Unterstellung, dass ein Kind verwahrlost, wenn es nicht ganztags von der Mutter betreut wird, wiegt schwer und trägt dazu bei, dass Alleinerziehende in der Bewältigung ihrer ohnehin nicht einfachen Aufgabe zusätzlich belastet und in ihrem Selbstbewusstsein empfindlich geschwächt werden.

Mit dem schlechten Gewissen den Kindern gegenüber müssen sich aber auch jene Frauen herumschlagen, deren Ehemänner als fortschrittlich bezeichnet werden können. Es sind Männer, die durchaus geneigt sind, ihrer Frau einen gewissen Freiraum für eine berufliche Verwirklichung zuzugestehen. Übersteigt jedoch der weibliche Berufsalltag den von den Männern festgesetzten Rahmen, stellen diese unverzüglich ihren Fuß auf die Bremse: „So nicht." Es ist nicht zu übersehen, dass vor allem auf das reibungslose Funktionieren des Alltags größten Wert gelegt wird. Ist ja auch verständlich. Wer einmal in den Genuss eines einwandfrei ablaufenden und geregelten Haushalts gekommen ist, gibt diese Privilegien nicht gerne auf. Frauen, die sich trotzdem für den beruflichen Neueinstieg entschieden haben, sind wahrlich nicht zu beneiden. Sie geben sich die größte Mühe, dass ihre Abwesenheit nicht zu sehr auffällt, und wenn es gar nicht zu vermeiden ist, versuchen sie, alles so zu organisieren, dass die übrigen Familienmitglieder nicht unter mangelnder Fürsorge zu leiden haben und vor allem nicht mit zusätzlich anfallenden Arbeiten genervt werden. Solche Frauen sind in einem engmaschigen Netz von vielerlei Pflichten gefangen, hin- und hergerissen zwischen schlechtem Gewissen, das mit einer perfekten Pflichterfüllung kompensiert wird, und dem unwiderstehlichen Drang, die eigenen Fähigkeiten beruflich zu verwirklichen.

Diese Situation wird allgemein als Doppelbelastung bezeichnet, bei genauem Hinsehen handelt es sich jedoch um eine Dreifachbelastung. Eine berufstätige Frau kämpft an mehreren Fronten. Im Berufsleben muss sie unter Beweis stellen, dass Kinder kein Hindernis sind. In der Partnerschaft und der Familie liefert sie täglich den Nachweis, dass sie auch als Berufstätige ihren vielfältigen Pflichten nachkommt. Und wenn dieser Zweifrontenkrieg sie zu zermürben droht, tritt sie noch gegen sich selbst an und redet sich das eigene Gefühl des Überfordertseins aus. Meist mit Erfolg. Das Resultat davon sind Selbstzweifel, Selbstentwertung und ein ständiges Hinterfragen, was sie denn falsch gemacht hat.

Wenn Menschen ihre Begabungen nicht zur Entfaltung bringen, leben sie neben ihrer Bestimmung, rutschen unter ihre Möglichkeiten und sind wie Taucher, die unter eine Felsplatte geraten sind und den Weg nach oben nicht mehr finden. Irgendwann geht ihnen der Sauerstoff aus.

Wer seine Partnerin auf geschlechtsspezifisch traditionelle Funktionen reduziert und ihre Entfaltungsmöglichkeiten beschneidet und zurückbindet, verbannt sie in die Tiefe des Meeres. Auch wenn der Ehemann sie mit verschiedenen Verwöhnungsillusionen wie „du-hast-doch-alles" einlullt und ihr eine extra große Luxus-Sauerstoffflasche zubilligt, opfert er sie als Mensch. Jeder Mann muss wissen, dass hier ein Bumerang im Spiel ist. Das gekrümmte Wurfholz kommt zurückgeschossen und fügt dann der Beziehung großen Schaden zu.

Die meisten Menschen sehen in einer sinnvollen und erfüllenden Tätigkeit ein zentrales Lebensziel. Sich selbst in der Arbeit, im Tun zu verwirklichen, ist ein Grundbedürfnis. Jedem Mann steht es offen, seine Möglichkeiten zu entfalten und zu verwirklichen – selbst wenn die Familie zu kurz kommt. Die Frau gleicht den Mangel aus. Es ist durchaus möglich, und viele Frauen bestätigen dies, dass eine Frau eine tiefe Erfüllung darin findet, sich ausschließlich um Kinder und Familie zu kümmern. Und dieses Bekenntnis sollte respektiert werden. Jenen Frauen aber, die sich beschnitten fühlen, muss der Weg, sämtliche Fähigkeiten und Begabungen auszuleben, als menschliches Grundrecht ebenso zugestanden werden.

In einer Beziehung geht es schließlich nicht um Wahrung eines möglichst bequemen Status des einen Partners auf Kosten des anderen, sondern um Gleichberechtigung, Wertschätzung und Liebe. Und das wiederum beinhaltet eine möglichst freie Entfaltung von Begabungen, Talenten und

Fähigkeiten. Also muss der Geist, der wie im Märchen in der Flasche eingesperrt ist, freigelassen werden, damit sich Intelligenz, Kreativität und Gestaltungsfreude frei entwickeln.

Frauen, die durch das patriarchale Ordnungssystem an der Erfüllung ihres ganz individuellen und persönlichen Lebenssinns gehindert werden, stauen im Laufe ihres Lebens eine stumme Empörung in ihrem Innersten auf, die für andere kaum wahrnehmbar ist. Vielleicht kippt sie im Laufe der Jahre in Bitternis, in eine negative Grundhaltung um. Oder vielleicht sucht sie sich ein Ventil in Fantasien. Die Zahl der Frauen, die sich heimlich – bei ausreichend finanzieller Absicherung – das Ableben ihres Partners wünschen, ist beachtlich. So bedeutet denn der Witwenstand vor allem für ältere Frauen nicht selten den blühenden Neubeginn eines zweiten Lebens. Auch wenn sie ihre Fähigkeiten nicht mehr zu einem beruflichen Einsatz bringen können, so ist es ihnen doch möglich, endlich frei über ihr eigenes Leben zu bestimmen.

Es ist natürlich für Männer und Frauen sehr viel sinnvoller, wenn sie rechtzeitig lernen, so miteinander umzugehen, dass jedem ein Grundrecht auf Entfaltung zugestanden wird. Wir sollten uns darüber im Klaren sein, dass es sich nicht um eine private, luxuriöse Selbstverwirklichung handelt, sondern geradezu eine Pflicht ist, alles, was in uns angelegt ist, zum Erblühen zu bringen.

Für Frauen ist es sehr hilfreich, sich mit anderen Frauen auszutauschen und die Frage nach tradiertem Rollenverständnis von allen Seiten zu beleuchten und zu erörtern. Gemeinsam gesehen, wird so manches kristallklar, was in den eigenen Wänden vernebelt und verschwommen erscheint und folglich kaum gefasst werden kann.

Den eigenen Begabungen nachzuforschen, ist ebenfalls sehr lohnenswert. Damit ist nicht gemeint, dass es sich um herausragende Talente handeln muss, sondern schlicht und einfach um das, was uns Freude macht, was unsere vitalen Kräfte und Energien anspricht und in Schwingung bringt. Meist finden wir diese speziellen Vorlieben mittels einer kleinen Reise durch die eigene Kindheit. Da entdecken wir plötzlich, wie wir bereits sehr früh bestimmte Neigungen hatten. Gerade bei Mädchen werden diese durch die sozialen Kontrollen auf zukünftige traditionelle Funktionen hin überprüft und entsprechend korrigiert. Und wenn wir dann zwanzig Jahre alt geworden sind, fällt vielen von uns nur noch eines ein: heiraten, Kinder kriegen. Der Rest ergibt sich von selbst.

So besteht die Aufgabe weitgehend darin, sich selbst von den überlagerten Bildern zu befreien und alles, was wir ausgegrenzt haben, wieder heimzuholen.

Darüber hinaus sollten wir auch lernen, ständig nagende Gewissensbisse zu entlarven und sie als etwas zu verstehen, das durch die gesellschaftlichen Kontrollen entstanden ist und letztlich nicht aus dem eigenen Inneren stammt. Hier gilt es, neue Gedanken zu entwickeln! Wir können das Glück und die Zufriedenheit der Kinder nicht nach einem Bauplan konstruieren. Das Glück folgt seelischen Gesetzen. Jeder Versuch, sein eigenes Unausgefülltsein zu überspielen, überträgt sich unausgesprochen auf sämtliche Familienmitglieder – auch auf den Dackel und den Wellensittich. Wenn wir hingegen Zufriedenheit erleben, von dem Gefühl des Einverstandenseins mit uns und unserem Leben erfüllt sind, springt der Funke über – das ist so selbstverständlich wie das Amen in der Kirche.

Und der springende Funke zündet letztlich auch in der Beziehung die nächste Stufe für den Flug durch die gemeinsamen Jahre.

Kindswohl

Pass doch besser auf!

	Ja	Nein
– Sind Sie der Meinung, dass ein Kind die Partnerschaft harmonisieren kann?	○	○
– Gehen Sie davon aus, dass Kinder zu einer intensiven und dauerhaften Liebe zwischen den Eltern beitragen?	○	○
– Sind Sie davon überzeugt, dass eine Partnerschaftskrise besser zu bewältigen ist, wenn Kinder vorhanden sind?	○	○

Wenn Sie einmal mit Nein geantwortet haben, dann haben Sie begriffen, dass Kinder nicht dazu da sind, Beziehungen zu harmonisieren oder gar zu retten.

Jedes Kind ist ein eigenes Wesen und eine individuelle Persönlichkeit mit eigenen Wünschen und Bedürfnissen. Die Versuchung ist indessen für viele Eltern groß, die ichbezogenen Anliegen über jene des Kindes zu stülpen und es dadurch für die eigenen Zwecke zu missbrauchen. In einer durch ungelöste Probleme belasteten Paarbeziehung kann es leicht passieren, dass Kinder als Bühnenkulisse herhalten müssen, vor der die Eltern ihre Konflikte wirkungsvoll inszenieren und zur Darstellung bringen.

Kinder, die in das Minenfeld kriegerischer Auseinandersetzungen ihrer Eltern geraten, sollen eine Aufgabe bewältigen, der sie nicht gewachsen sein können. Sie geraten in einen schwerwiegenden Loyalitätskonflikt, da sie glauben, sich wie Schiedsrichter für den einen oder anderen Elternteil entscheiden zu müssen. Damit aber verstricken sich die Kinder in eine kaum zu bewältigende Zwickmühle. Für welchen Elternteil sie sich auch entscheiden, sie müssen immer den anderen verraten. Vielleicht versuchen sie auch zwischen beiden Parteien zu vermitteln, was eine Überforderung bedeutet, selbst wenn die Kinder schon größer sind. Sind sie aber noch zu klein, um die Konfliktsituation richtig einschätzen zu können, erleben sie sich selbst als Ursache für die Streitereien der Eltern, was für sie zusätzlich schwerwiegende Folgen haben kann, vor allem dann, wenn sich die Eltern ständig über unterschiedliche Erziehungsstile und den entsprechenden Umgang mit dem Kind streiten und sich diesbezüglich gegenseitig Vorwürfe an den Kopf werfen.

Ein Kind kann sich in der Regel vor einem solchen Missbrauch nicht schützen, der zwar von den Eltern unbeabsichtigt ist, dem es aber hilflos ausgeliefert ist.

Lucie und Rupert haben sich auf einer firmeninternen Weiterbildung für Informatik kennen gelernt. Es ist keine Liebe auf den ersten Blick. Da sie später in der gleichen Abteilung arbeiten, entsteht bald eine intensive und tragfähige berufliche Beziehung, die sich allmählich auch auf den privaten Bereich ausdehnt. Irgendwann verlieben sie sich ineinander. Basis dieser Beziehung sind der große gedankliche Austausch und die Bereitschaft des Paares, auftretende Unklarheiten oder Unstimmigkeiten so lange miteinander zu besprechen, bis eine für beide akzeptable Lösung gefunden wird.

Nach einem Jahr heiraten sie. Und nach einem weiteren Jahr kommt Marc zur Welt. Lucie gelingt es mit der Unterstützung von Rupert, einen kleinen Bereich ihrer vorherigen beruflichen Tätigkeit zu Hause weiterzuführen, was für sie außerordentlich wichtig ist. Schließlich will sie zu einem späteren Zeitpunkt wieder zurück in die Firma. So fühlt sie sich eigentlich rundum wohl und ist mit der neuen Situation durchaus zufrieden.

Seit der Geburt von Marc hat sich nun aber in der Beziehung alles schlagartig verändert. Lucie hat eine ganz andere Vorstellung als Rupert, wie mit einem Kind umzugehen ist. Obwohl sie sich für keine überängstliche Mutter hält, fährt ihr immer wieder die Angst in die Knochen, wenn sich Rupert mit dem Kleinen beschäftigt. Während sie sich mit größter Sorgfalt um Marc kümmert, geht Rupert ziemlich salopp mit dem Säugling um. Lucie achtet stets darauf, dass das Kind nicht unnötig herumgetragen und Lärm ausgesetzt wird, dass es regelmäßig sein Fläschchen bekommt, dass es immer frisch gewickelt und immer schön warm eingepackt ist. Ruperts Vorstellungen darüber, was für ein Kind wichtig ist und ihm gut tut, sind ganz anders. Er gehört zu den Vätern, die Kinder gerne in der Luft herumwirbeln, und gelegentlich liefert er beinahe zirkusreife Vorführungen – was hinterher jedesmal zu einem heftigen Streit zwischen Rupert und Lucie führt. Während Rupert das Kreischen des Kindes als glückliche Jauchzer interpretiert, ist es für Lucie klar, dass das Kind vor blankem Entsetzen aufschreit. Er setzt sich den sieben Wochen alten Säugling auf die Schultern, galoppiert herum und veranstaltet ein wildes Hottehü. Auch als das Baby sich über seinem Kopf erbricht, lässt er von diesem Spiel nicht ab und ist für sachliche Argumente überhaupt nicht ansprechbar. Lucie interveniert immer wieder, was aber nur zu heftigen Meinungsverschiedenheiten führt. Ihre frühere Gesprächskultur bleibt dabei völlig auf der Strecke.

Als nun Rupert mit dem kleinen Marc – ohne ihm Mützchen und Handschuhe anzuziehen – zum Schlittenfahren verschwindet, da ist für Lucie klar: So kann es unter keinen Umständen weitergehen.

Viele Paare erleben Ähnliches. Sie haben sich ihre kleine Familie so schön und vor allem harmonisch vorgestellt. Die meisten gehen davon aus, dass ein Kind die Krönung ihrer Liebe sein wird und ihrer Beziehung noch das Sahnehäubchen aufsetzt. Und falls sich bereits Konflikte eingestellt haben sollten, geben sie sich der Illusion hin, dass sich mit der Geburt eines Kindes die Schwierigkeiten von selbst regeln und verschwinden werden.

Diesen Wunschvorstellungen liegt ein gravierender Denkfehler zu Grunde. Kinder haben nicht in erster Linie eine helfende Funktion für die Eltern zu erfüllen – wie etwa ein Geschirrspüler oder eine Bohrmaschine –, sondern die Verantwortung und die Pflicht liegen vorrangig bei den Erwachsenen. Sie sind dafür verantwortlich, für das leibliche und seelische Wohl des Kindes zu sorgen. Selbstverständlich sind damit auch viele elterliche Glücksgefühle verbunden. Aber wie die meisten aus Erfahrung wissen, wird die reine Freude durch das Auftreten alltäglicher Unbill immer wieder getrübt. Ein Kind ist für Eltern eine große und äußerst anspruchsvolle Aufgabe. Es stellt das bisherige Leben ohnehin auf den Kopf. Da, wo wir früher ungehemmt unseren eigenen Bedürfnissen nachgehen konnten, schiebt sich nun die Verantwortung für das Wohlbefinden des Kindes davor. Eltern lernen vor allem, was es heißt zu verzichten. Für manche bedeutet das eine harte Schule. Die Vorstellung, ein Kind führe automatisch zu mehr Einigkeit der Eltern, zu mehr Gemeinsamkeit oder fördere gar das Gefühl der Zusammengehörigkeit, ist falsch. Es gibt nichts, was Eltern häufiger zu getrennten Aktivitäten veranlasst als ein Kind. Wenn ein kinderloses Paar noch alles gemeinsam unternehmen konnte, so wird dies mit der Geburt des ersten Kindes abrupt enden. Einer der beiden Elternteile wird sich immer um das Kind kümmern müssen – meist die Frau! –, während sich der andere mit der Welt und ihren Herausforderungen beschäftigt oder auch ungestört eigenen Vergnügungen nachgehen kann.

Mit der Geburt eines Kindes kommt eine neue Dynamik in das Zusammenleben, die das Paar auf Trab hält und immer wieder für Konfliktstoff sorgt. Gerade wegen Erziehungsfragen gibt es überraschend viel und oft nur schwer zu bändigenden Aufruhr im Familienglück.

Wir tragen individuell geprägte Vorstellungen mit uns herum, was wir unter einer förderlichen Erziehung verstehen. Die wenigsten Paare machen sich vor der Zeugung über künftige Erziehungsrichtlinien und deren praktische Umsetzung ernsthafte Gedanken. Es genügt nicht, sich in groben Zügen einig zu sein, wie etwa: „Wir wollen das Kind frei aufwachsen lassen". Sondern es geht vor allem darum, sich darüber zu verständigen, wie diese Grundhaltung umgesetzt werden kann. Denn gerade in der praktischen Anwendung zeigen sich plötzlich ganz verschiedene Facetten einer scheinbar ähnlichen Auffassung. Ist man erst einmal in der Rolle der Mutter, des Vaters, kommen oft Verhaltensmuster zum Vorschein, die wir zuletzt bei unseren eigenen Müttern und Vätern gesehen haben. Selbst solche, die wir als Kind ablehnten oder unter denen wir litten, haben nun eine große Chance, durch uns wieder neu zum Einsatz zu gelangen. Selbst wenn wir uns bewusst längst für einen grundsätzlich anderen Erziehungsstil entschieden haben, kann es durchaus sein, dass sich die alten Erfahrungen gegen unseren Willen durchsetzen.

Auch wenn ein Paar in grundsätzlichen Erziehungsfragen übereinstimmt, prallen doch mehrere pädagogische Systeme aufeinander und schleichen sich bestimmend in aktuelle Situationen ein, über die dann die Meinungen auseinander klaffen. Die Einschätzung, was gut für ein Kind ist, was es gerne hat, was gesund ist, hängt von verschiedenen Faktoren ab und ist meist ein Gemisch aus eigenen Erfahrungen, durchwoben von vielleicht erworbenen, ideellen Vorstellungen. Auch negative Erlebnisse, wie etwa, als Kind geschlagen worden zu sein, können plötzlich als eigenes Erziehungsverhalten wieder auftauchen und mit der Begründung zum Einsatz gelangen: „Ich habe auch Schläge bekommen, und mir hat es schließlich auch nicht geschadet". So wird durch eine Identifizierung mit der früheren Bezugsperson, die Schläge erteilte, eine kritische und schmerzliche Auseinandersetzung vermieden. Vor allem aber wird die Erinnerung an die leidvolle Erfahrung auf diese Weise für den Moment blockiert.

Deshalb sollten Paare, möglichst noch bevor sie Eltern geworden sind, über ihre eigene Erziehung, die sie genossen haben, miteinander sprechen, um sich eventuell mit gravierenden Fehlern und ihren Auswirkungen zu konfrontieren. Durch das Bewusstwerden der eigenen Geschichte kann verhindert werden, dass sich derartige schädliche Erziehungsmethoden weiter durchsetzen.

So unterschiedlich wir in unserer Bewertung sind, was wir für uns persönlich als richtig, als gesund und wohltuend erachten, so unterschiedlich sind wir eben auch, wenn es darum geht, für das Wohl des Kindes zu sorgen. Während die einen sofort eine Erkältung befürchten (in der Regel die Mütter), wenn Handschuhe und Mütze fehlen, denken Väter eher weniger an den gesundheitlichen Aspekt. Bei Vorwürfen, die in diese Richtung gehen, fallen sie nicht nur aus allen Wolken und verstehen die Welt nicht mehr, sondern sie sind zutiefst gekränkt, dass ihnen mangelndes Verantwortungsgefühl vorgeworfen wird. Andererseits können um ihre Kinder besorgte Mütter nicht einfach als überängstliche Hysterikerinnen abgetan werden.

Bevor es zwischen den Partnern zu ernsthaften seelischen Verletzungen durch gegenseitige Anschuldigungen kommt, sollte die Notbremse gezogen werden, damit derartige Zwistigkeiten nicht zum allmählichen Entlieben führen.

Gerade Eltern sollten sich darum bemühen, immer wieder Zeitinseln einzuplanen, in denen sie sich zu gemeinsamen Gesprächen zusammenfinden. Falls sich bereits eine gegenseitige Verhärtung angekündigt hat, ist eine familientherapeutisch geschulte Fachperson zuzuziehen, die bei der Klärung der unterschiedlichen Positionen hilft.

Eltern wollen in der Regel nur das Beste für ihr Kind. Wenn Väter ihren Kleinen keine Mütze überziehen, ist das nicht Ausdruck von Verantwortungslosigkeit oder gar mangelnder Liebe. Wenn sie ihr Kind in die Luft werfen, wollen sie ihm weder einen Schock versetzen noch es gefährden. In diesem väterlichen Weltbild ist eine Mütze auch bei fünf Grad unter Null völlig überflüssig und ein Herumfliegen durch die Luft das Allerschönste. Ebenso ist ein besonders fürsorglicher Umgang mit einem Kind nicht Ausdruck einer übertriebenen, das Kind erdrückenden Mutterliebe.

In den gemeinsamen Gesprächen geht es nicht darum, welche Erziehungsvariante der allein selig machenden Wahrheit entspricht. Es geht einzig um ein Verständnis dafür, dass beide sich gleichermaßen bemühen, für das Wohl des Kindes in ihrer Weise zu sorgen, wenn auch mit sehr unterschiedlichen Mitteln. Es gilt also, auch in Erziehungsfragen Toleranz für den ganz anderen Umgangsstil des Partners oder der Partnerin zu entwickeln.

Bei einem gegenseitigen Verständnis lässt sich auch besser miteinander besprechen, welche Akrobatiknummern für Kinder tatsächlich gefährlich sind. Es gibt Studien, die belegen, dass sich die meisten Unfälle mit Säuglingen und Kleinkindern im Wurfspiel mit ihren Vätern ereignen. In einem sachlichen, mit statistischen Daten untermauerten Gespräch werden auch Wurf-Väter nicht einfach unbekümmert über diese Fakten hinweggehen – schließlich wollen sie alles andere als ihr Kind gefährden. Für Mütter, die immer in großer Sorge um die Kleinen sind, lohnt es, sich mit entwicklungspsychologischer Fachliteratur vertraut zu machen, um auf diesem Weg mehr Gelassenheit in Bezug auf die Entwicklung des Kindes und den Umgang mit ihm und anderen Bezugspersonen zu gewinnen.

Auf diese Weise gelingt es Eltern, einander in ihren persönlichen Erziehungsansichten besser kennen zu lernen, zu respektieren und zu akzeptieren.

Mit einer derartigen Einstellung der Eltern wird das Wohlergehen des Kindes in umfassender Weise garantiert. Darüber hinaus ergibt sich noch ein für die Partnerschaft nicht zu unterschätzender wichtiger Nebeneffekt: Die Liebe füreinander festigt und vermehrt sich.

Misstrauen

Ich kann dir nicht vertrauen

	Ja	Nein

Wenn Ihr Partner oder Ihre Partnerin alleine in die Ferien verreisen möchte:

– Versuchen Sie, ihn oder sie von diesem Vorhaben abzubringen? ○ ○

– Lassen Sie ihn oder sie alleine ziehen, verlangen aber täglich eine detaillierte telefonische Berichterstattung? ○ ○

– Verkneifen Sie sich Ihr Misstrauen, leiden aber wie ein Hund? ○ ○

Wenn Sie alle Fragen mit Nein beantworten, ist Misstrauen für Sie kein Thema. Sie haben ein gutes Selbstwertgefühl, haben Vertrauen in sich selbst und auch in den Partner oder die Partnerin.

Wenn Sie aber nur eine einzige der Fragen mit Ja beantworten, haben Sie mit Misstrauen – bewusst oder unbewusst – ein großes Problem. Sie versuchen, Ihr Misstrauen zu unterdrücken, indem Sie entweder jede Möglichkeit, die in Ihnen argwöhnische Gefühle aktivieren könnte, verhindern oder Sie üben eine totale Kontrolle über Ihren Partner oder Ihre Partnerin aus. Oder aber Sie verfügen über einen derart perfekt funktionierenden Verdrängungsapparat, dass Sie es nicht einmal bemerken, wenn Ihnen Ihr eigenes Zweifeln und Argwöhnen Probleme beschert.

Welcher dieser Wege auch immer gewählt wird, er trägt in keiner Weise dazu bei, das Misstrauen zu beseitigen. Eine Lösung setzt allein bei der eigenen Person an. Wer unter chronischen Gefühlen des Misstrauens leidet, hat ein schlechtes Selbstwertgefühl und müsste sich schleunigst auf die Socken machen, die Ursachen dafür zu erforschen.

Vera und Sebastian leben seit fünf Jahren zusammen. Sie wollen wie jedes Jahr gemeinsam die Ferien verbringen. Die Reise nach Venezuela ist gebucht. Ein Unterkunftsplatz für Jack, den Dackelrüden, ist gefunden, die Urlaubsvorbereitungen laufen auf Hochtouren. Da stolpert Vera über eine Türschwelle. Ein seitlicher Sturz über den Plateauschuh sorgt für einen Bänderriss. Aus der Traum. Sechs Wochen Gips. Sebastian ist sofort zum Verzicht bereit und will die Ferienwochen mit Vera hinter den Blumenkästen auf dem Balkon verbringen. Er ist gerade dabei, sich über den administrativen Aufwand, der bei einer Annulierung der Buchung erforderlich ist, zu ärgern, als ihm sein Arbeitskollege vorschlägt, er könne ja die Reise anstelle von Vera antreten. Sebastian ist hocherfreut, zudem scheint sein Kollege geradezu ein idealer Reisepartner zu sein, ist er, ein 42-jähriger Junggeselle, doch sehr unternehmungslustig. Auch Vera gefällt dieser Gedanke zunächst ausgesprochen gut. Die Vorstellung, Sebastian würde zwei Wochen bei ihr auf dem Balkon sitzen, Händchen halten und einmal am Morgen und einmal am Abend das Hündchen Gassi führen, statt seinen beinahe unersättlichen Erlebnishunger zu stillen, hatte sie doch ziemlich beunruhigt. Wahrscheinlich wäre er derart gefrustet und genervt, dass er wegen jeder Kleinigkeit einen Streit vom Zaun bräche, wenn auch nur, um etwas Belebung in das langweilige Balkon-Dasein zu bringen. Sie befürchtete, dass es zu vielen Diskrepanzen kommen würde und sie alles andere als Freude aneinander hätten. Allmählich aber beschleichen sie leise Zweifel: Was werden denn die beiden Männer während der ganzen Zeit machen? Tagsüber am Strand? Nachts in einer Bar? Sicher wird der Kollege immer wieder versuchen, Frauen aufzureißen – wofür er ja bestens bekannt ist. Und Sebastian? Zweifellos wird er nicht tatenlos zusehen, wie sich der andere an Frauen heranpirscht, herumflirtet und sie schließlich ins Hotelzimmer abschleppt. So gut kennt sie ihren Sebastian: Er wird munter mitmachen.

Misstrauen dem Partner oder der Partnerin gegenüber ist nichts Ungewöhnliches. Es ist auch nicht ungewöhnlich, wenn vermeintliche Nebenbuhler und -buhlerinnen bereits heftig mit Eifersucht bedacht werden, obwohl es sie in der Realität noch gar nicht gibt. Es gibt zwar Paare, die Misstrauen und Eifersucht als Beweis besonders intensiver Liebe deuten. In der Regel aber sind diese Gefühle eine große Belastung für eine Beziehung. Es kommt immer wieder vor, dass Personen, die sich durch ihren Partner oder ihre Partnerin einem Dauerstress von Verdächtigungen ausgesetzt fühlen, irgendwann das Handtuch werfen und genau das vollziehen, was ihnen unterstellt wurde: Sie gehen fremd.

Wer dem Partner oder der Partnerin misstraut, lebt alles andere als glücklich und zufrieden. Selbst der Versuch, sich gegen diese unangenehmen Gefühle zu schützen, indem wir sie einfach nicht wahrnehmen und verdrängen, ist problematisch. Jede Verdrängungsarbeit ist einerseits mit einem enormen Energieaufwand, andererseits aber mit einer Schwächung der eigenen vitalen Funktionen verbunden. Wer verdrängt, hält mit der einen Hand die Kellertüre zu, damit nichts Unliebsames aus den unteren Bereichen aufsteigen kann, und mit der anderen Hand wird versucht, das Leben zu meistern. Von Menschen, die viel zu verdrängen haben, ist oft zu hören, dass sie sich über Müdigkeit beklagen und dass es ihnen nicht gelingt, jene Dinge zu tun, die sie dringend tun wollten. Das ist die logische Folge einer energetischen Doppelbelastung.

Aber auch für jene, die ihr Misstrauen nicht verdrängen, sondern versuchen, damit klarzukommen, bedeutet der Argwohn eine zusätzliche Belastung. Wie vor einem aufziehenden Sommergewitter liegt immer eine grundsätzliche Beunruhigung in der Luft. Misstrauische Menschen sind stets in einer inneren Alarmbereitschaft, hellwach und mit größter Aufmerksamkeit bemüht, alles, was sich rund um die Beziehung abspielt, zu kontrollieren. Dadurch entsteht eine ständige Bedrohung, ein Auf-der-Hut-sein, damit einem die andere Hälfte nicht abhanden kommt oder von jemand anderem weggeschnappt wird. Es ist im Grunde genommen der Job eines Wachhunds. Er bewacht sein Objekt, kreist um das zu Bewachende herum, überprüft schnuppernd die Luft, ob etwas Feindliches im Anzug ist, um sofort Alarm zu schlagen. Das Risiko aber besteht darin, dass ahnungslose Personen in die Rolle von Dieben und Diebinnen geraten, die etwas Böses im Schilde führen, die einem das kostbarste Gut zu klauen beabsichtigen, und der Partner oder die Partnerin auf der inneren Leinwand bereits als Betrüger oder Betrügerin agiert. Schon der verbale Ausdruck deckt auf, dass wir in einer Inszenierung gelandet sind, die weniger mit einer Liebesgeschichte als mit einem Krimi zu tun hat, wo geklaut und betrogen wird und jeder oder jede zu kriminellen Handlungen neigt – allen voran der eigene Partner oder die eigene Partnerin.

Gegen Misstrauen ist kein Kraut gewachsen, gibt es keine Wunderpille, auch die totale Kontrolle kommt dagegen nicht an. Wer darunter leidet, kann nur sich selbst helfen. Auch den Partner oder die Partnerin zu wechseln, hilft meist wenig, denn selbst wenn der Partner geht, bleiben wir mit unserem Muster und unserer Disposition aufs innigste vereint. Unseren Lebensdrehbüchern, die wir verfassen, liegt immer unser Thema Nummer eins zu Grunde: das Misstrauen. Misstrauen entsteht im Kopf, und zwar im eigenen, in fantasierten Gedanken und Szenarien, in eigener Regie. Es ist das eigene Bühnenbild, das wir entwerfen, es ist der eigene Film, den wir erfinden. Wir sehen unsere Partner oder Partnerinnen, wie sie sich flirtend jemand anderem zuwenden, wie sie sich von jemandem leidenschaftlich küssen lassen oder wie sie sich gar im Bett vergnügen. Obwohl es uns beinahe um den Verstand bringt, können wir nicht aufhören, daran zu denken, und drehen uns immer mehr in ein imaginiertes Unglück ein, das aber lediglich in unserer Vorstellungswelt existiert.

Wie aber kommen wir aus dieser quälenden Spirale wieder heraus? Es nützt nichts, sich über heimlich bestellte Partnerhoroskope oder Schriftanalysen beruhigen zu wollen. Selbst wenn darin die absolute Treue und Integrität des Partners oder der Partnerin belegt wird, misstrauen wir weiterhin und stellen alle astrologischen und grafologischen Gutachten in Frage. Selbst der Gang zur Wahrsagerin vermag uns langfristig nicht zu überzeugen.

Misstrauen ist ein geschwätziges Gefühl, das immer eine Ausrede findet, um seine Existenz zu begründen. Misstrauen ist der Miesmacher vom Dienst; es vermasselt einem die Freude am Leben. Misstrauen raubt einem den Verstand und stellt die einfachsten Dinge und Prinzipien auf den Kopf. Misstrauen ist eine virtuose Zauberkünstlerin, die sich in sämtlichen Rockfalten versteckt hält und plötzlich aus einem Ärmel wie ein zappelndes Kaninchen hervorgezaubert werden kann. Dem Misstrauen liegt zudem ein verhängnisvoller Denkfehler zu Grunde: Es suggeriert uns nämlich, dass es nur am Partner oder an der Partnerin liegt, uns von diesen ekelhaften Gefühlen zu befreien. Aber mit dieser Vorstellung können wir sicher sein, dass wir es bis zur letzten Lebensstunde in uns tragen und nie mehr loswerden.

Denn Misstrauen ist ein höchst persönliches Problem – wie Mundgeruch und Haarausfall. Es ist kein Problem, das vom anderen gelöst werden kann. Wer damit rechnet, vom Partner oder von der Partnerin betrogen und hintergangen zu werden, bezeugt in erster Linie ein sehr angeschlagenes Selbstwertgefühl und rechnet damit, jederzeit durch einen beliebigen Menschen ersetzt werden zu können. Diese Geringschätzung der eigenen Person sitzt viel zu tief, als dass sie durch Treuebeweise des Partners oder der Partnerin heilbar wäre. Jeder Versuch, Treue beweisen zu wollen, scheitert letztlich daran, dass der Glaube an sie Vertrauen voraussetzt sowie den Verzicht auf sämtliche Spekulationen.

Selbstentwertung ist ein ernst zu nehmendes Dilemma, sowohl für uns selbst als auch für die Beziehung. Ein geschlechtsspezifischer Unterschied zeigt sich darin, dass es in unserer Gesellschaft sehr viel mehr Frauen als Männer gibt, die unter einem mangelnden Selbstwertgefühl leiden – was in einem schlechten Selbstbewusstsein zum Ausdruck kommt.

Noch immer gehört die Entwertung der Frau zum gesellschaftlichen Programm, das sich entweder unverblümt und offen, wie zum Beispiel in der sexuellen Instrumentalisierung des weiblichen Körpers, zeigt oder verdeckt und subtil in der fortgesetzt stattfindenden Ausgrenzung von Frauen aus wichtigen politischen und wirtschaftlichen Funktionen zum Ausdruck kommt. Die Geringschätzung des Weiblichen nagt am Selbstwert der Frau wie eine nicht enden wollende Gehirnwäsche und sorgt dafür, dass wir uns verunsichern lassen und sofort bereit sind, uns immer und überall sofort in Frage zu stellen. Frauen neigen viel stärker dazu, sich ihren Partnern anzupassen, weil der Mut zu anderen Verhaltensweisen oftmals fehlt, oder aber sie haben Angst, von anderen weiblichen Wesen aus dem Rennen geschlagen zu werden. Es ist wie ein Tanz um das goldene Kalb, dem es zu gefallen gilt. Der Maßstab für die eigene Bewertung geht verloren, wir starren gebannt darauf, ob wir Resonanz erhalten, und kommen uns dabei selbst abhanden.

Da hilft nur eines: wieder zu sich selbst zurückzufinden und damit zum eigenen Selbstwert. Frauen sollten lernen, einen liebevollen und freundschaftlichen Umgang mit sich selbst zu pflegen. Statt uns stets für vermeintliche Mängel zu verurteilen, sollten wir unser Sosein akzeptieren. Das gilt auch für unsere körperliche Mängelliste. Statt uns über Zellulitis an den Oberschenkeln zu ärgern, könnten wir sie freundlich und liebevoll mit einer wohlduftenden Lotion eincremen und ihr sagen: „Ich weiß zwar nicht, weshalb du bei mir bist, aber wenn du schon da bist, dann will ich gut zu dir sein." Wir Frauen sollten uns den stiefmütterlichen Ton abgewöhnen, mit dem wir uns selbst fertig machen. Für viele Frauen ist dies ein Lernprozess, der sich über Jahre hinzieht. Und oft ist dabei die beste Freundin die wichtigste Hilfe. Sie geht mit unseren Schwächen nachsichtig um und hat vor allem einen Blick, der von Zuneigung geprägt ist. Von ihr können wir lernen, uns anzunehmen, uns selbst zu lieben. Wer sich selbst nicht lieben kann, wird letztlich auch einen anderen Menschen nicht lieben können!

Der herzenswarme Umgang mit sich selbst ist gewissermaßen eine Seelenmassage, damit sich die Muskeln nicht sofort zusammenziehen, wenn eine andere Frau in der Nähe des Partners aufkreuzt. Eine gewisse Gelassenheit ist dringend erforderlich, damit wir gar nicht erst in den Teufelskreis von endlosen Verdächtigungen und Mutmaßungen geraten.

Männer, die ebenfalls nicht gegen Attacken des Misstrauens gefeit sind, besitzen ein ähnlich schwach ausgebildetes Selbstwertgefühl. Doch sie stellen es anders dar. Frauen, die wenig Selbstwertgefühl besitzen, versuchen nicht, diese Tatsache zu überdecken. Bei selbstwertschwachen Männern hingegen wird der Mangel meistens mit einem aufgeplusterten Imponiergehabe kaschiert. Niemand käme dann auf die Idee, dass hinter einem beispielsweise beruflich erfolgreichen Mann, der sich viele Machtbereiche unter den Nagel gerissen hat und als unverletzbar gilt, ein Mensch zu finden ist, der sich nicht selten abgrundtief hilflos fühlt.

Wenn uns aber bereits Gefühle des Misstrauens erwischt haben, dann sollten wir dafür sorgen, dass wir uns aus der Schlinge selbstquälerischer Fantasien befreien.

Wie aber gelingt uns das am besten? Eine erste Hilfe funktioniert über intensive Gedankenarbeit. Auf die Art und Weise, wie wir in sie hineingeraten sind, so kommen wir auch wieder aus ihr heraus. Lassen wir den Horrorfilm der Verdächtigungen rückwärts bis zum Ausgangspunkt spulen, dann landen wir wieder in der Realität: im Büro. Am Küchentisch. In der Badewanne. Bei der Arbeit. Auf alle Fälle in der Gegenwart.

Wenn wir uns an der gegenwärtigen Situation orientieren, fällt es uns leichter, für logische Strategien aufnahmebereit zu sein. Überlegen wir so nüchtern wie möglich: Wenn ein Partner oder eine Partnerin fremdgehen will, kann er oder sie auch durch Misstrauen nicht daran gehindert werden. Im Gegenteil: Das Risiko steigt erheblich, denn schließlich wird niemand gerne verdächtigt. Menschen, die stets vom Partner oder der Partnerin argwöhnisch beäugt werden, fühlen sich irgendwann wie in einem Gefängnis und müssen ausbrechen – einfach, um wieder einmal frei durchatmen zu können. Falls er oder sie tatsächlich fremdgegangen ist, sollten wir erst jetzt damit anfangen, darüber nachzudenken, um eventuelle Maßnahmen zu ergreifen.

Als Letztes sollten wir auch bedenken: Rund zwei Drittel der Menschen, die in einer Beziehung leben, gehen fremd – wahrscheinlich sind es sogar mehr. Seitenspringen hat es zu allen Zeiten gegeben. Und die Menschheit existiert trotzdem munter weiter. Also: Fremdgehen ist noch lange kein Grund für das Scheitern einer Partnerschaft.

Dieses Gedankenspiel lässt sich so lange wiederholen, bis wir uns selbst im Traum sagen hören: Fremdgehen kommt in den besten Familien vor. Und vielleicht fällt mir dann plötzlich ein, dass auch ich schon mal heimlich von einem anderen Partner geträumt habe.

Und mit diesem Satz schleicht sich das Misstrauen geschlagen davon.

Nacherziehung

Wärst du doch anders

	Ja	Nein
– Haben Sie oft den Wunsch, Ihr Partner oder Ihre Partnerin sollte sich in einer bestimmten Richtung verändern?	○	○
– Versuchen Sie, den anderen zu bewegen, eine Verhaltensänderung vorzunehmen?	○	○
– Haben Sie dem Partner oder der Partnerin auch schon einmal ein Ultimatum gestellt: Entweder du veränderst dich, oder die Beziehung ist aus?	○	○

Falls Sie dreimal mit Ja geantwortet haben: Gratulation! Sie sind auf dem besten Weg, Ihre Partnerschaft gegen die Wand zu fahren. Um das Ende müssen Sie sich also gar nicht mehr kümmern.

Sie haben klare Vorstellungen, wie die Person, mit der Sie zusammenleben, zu sein hat, und dulden keinerlei Abweichungen. Sie gehen offenbar davon aus, dass der andere Ihren Wünschen und Vorstellungen zu entsprechen hat. Auch sind Sie davon überzeugt, genau zu wissen, was für die andere Person gut ist, und dass es durchaus Ihr Recht ist, Verhaltensänderungen zu fordern.

Als Regula und Heinz eine Wohnung beziehen, sind sie überzeugt: Unsere Liebe ist so groß, nichts wird sie trüben können. Es dauert aber nicht sehr lange, bis die ersten Wolken aufziehen.

Heinz, Pädagoge, ist ein feinfühliger, sensibler Mann und ein ausgesprochener Boxfan. Er will auch im Zweierglück nicht auf seine ihm lieb gewordene Gewohnheit verzichten, bis tief in die Nachtstunden hinein am Fernseher ein Match zu verfolgen. Für Regula ist sein spezielles Sportinteresse ein Dorn im Auge, und sie lässt nichts unversucht, ihn davon abzubringen. Obwohl Heinz immer wieder beteuert, dass ihm die Boxkämpfe einfach Spaß machen und zudem ein wohltuender Ausgleich zu seinem Beruf seien, beharrt Regula auf ihrer Meinung: „Der Sport passt überhaupt nicht zu dir und ist zudem äußerst primitiv." Dieser Konfliktherd führt immer wieder zu heftigen Streitereien. Sie droht ihm, ihn zu verlassen, wenn er sich nicht von dieser ihre Beziehung störenden Gewohnheit verabschiede. Er könne ja wählen zwischen ihr und dem Sportsender. Nachdem sie über längere Zeit umsonst darum gekämpft hatte, ihm seine „unsägliche" Gepflogenheit abzugewöhnen, gibt sie resigniert auf und trennt sich schließlich tief gekränkt. Sie ist davon überzeugt, wenn er sie wirklich geliebt hätte – wie er ja stets behauptete –, dann wäre es ihm nicht schwer gefallen, sich für sie zu entscheiden.

Wer mit jemandem zusammenlebt, kennt es nur zu gut: Die andere Person kann ganz gehörig nerven. Der brennende Wunsch, sie möchte sich in ihrem Gebaren oder gar in ihren Wesenszügen verändern, ist verständlich. Die meisten haben eine klare Vorstellung davon, wie sich der Partner oder die Partnerin zu verhalten hat; wird ihr nicht entsprochen, machen wir uns ans Werk. Oft scheuen wir keine Mühe, ihn oder sie zu einer Verhaltensveränderung zu bewegen. Nichts ist uns zu viel: Wir appellieren an den Verstand, die Vernunft und die Einsicht, wir ködern mit in Aussicht gestellter Belohnung (Frauen mit Sex, Männer mit einem Opernbesuch) oder, wenn alles nichts bringt, mit Liebesentzug. Trotzdem, die meisten Anstrengungen führen nicht zum Ziel. Als letztes Druckmittel bleibt noch die Aufforderung, einen klaren Beweis für die angeblich vorhandene Liebe zu liefern. Und wenn wir uns erst einmal so weit darauf eingelassen haben, uns aufs dünne Eis zu wagen, dann ist der Einsturz nicht mehr weit. Die Liebe lässt sich nicht wie eine wissenschaftliche Formel be- oder widerlegen. Da hilft auch keine noch so ernst gemeinte Bereitschaft, sich wirklich ändern zu wollen. Es lassen sich Dinge, die nicht einmal in einem assoziativen Zusammenhang stehen, nicht verknüpfen. Was hat die Liebe eines Mannes mit seinem Interesse fürs Boxen zu tun?

Es ist ein verhängnisvoller Fehler, die Anpassungsbereitschaft an die Wünsche des anderen und eine angestrebte Verhaltensveränderung als Liebesbeweis zu punkten. Wer in einer Partnerschaft dem anderen zuliebe seine eigene Wesensart unterdrückt, wird mit großer Wahrscheinlichkeit irgendwann die Sehnsucht nicht mehr unterdrücken können, wieder er oder sie selbst zu sein und sein eigenes Ich zu leben.

Wir wollen so geliebt werden, wie wir sind. Jede Forderung nach Veränderung heißt im Klartext: So, wie du bist, mag ich dich nicht. Und damit beginnt in der Beziehung die Abwärtsspirale in ein Land, wo es keine Liebe mehr gibt. Irgendwann haben wir uns entliebt. Dann bleibt nur noch eines: Wir kapitulieren.

Wenn wir einen Menschen kennen lernen und uns in ihn verlieben, schauen wir großzügig über sämtliche Fehler hinweg. Wir werfen einen verhüllenden Schleier über jene Dinge, die uns nicht gerade gut gefallen, und konzentrieren uns auf jene Bereiche, die uns besonders ansprechen. Wir gehen oft sogar noch weiter! Wir dichten ihm oder ihr auch Eigenschaften an, die nur im Ansatz oder aber überhaupt nicht vorhanden sind, die wir aber gern an ihm oder ihr sehen würden. Wir stülpen unser Wunschbild über das Objekt unseres Begehrens, damit alles nahtlos in unsere Vorstellung passt. Es ist wahrhaft ein großartiger Schachzug der schöpferischen Intelligenz, die kritische Wahrnehmung im Menschen derart zu schwächen, damit es überhaupt möglich wird, dass wir uns verlieben. Es scheint alles so angelegt zu sein, dass wir uns nur in einem benebelten Zustand auf das Abenteuer Liebe einzulassen bereit sind. Auf welch wackeligem Boden diese imaginäre Konstruktion steht, entdecken wir erst, wenn sich die nebulösen Gefühle des Verliebtseins allmählich zurückziehen und sich anstelle romantischer Visionen eine realisierbare Beziehungskonstellation herauszubilden versucht. Spätestens an dieser Stelle machen wir die Erfahrung: Lieben ist eine Kunst und will gelernt sein.

Jeder Mensch trägt in seinem Innern ein persönliches, nur auf ihn abgestimmtes Entwicklungsprogramm. Die individuelle Aufgabe für jeden besteht darin herauszufinden, welches besondere Programm in ihm angelegt ist, um es schließlich umzusetzen und zu entfalten. Manchmal ist es nicht einfach, und es bedarf einiger korrigierender Schicksalsschläge, um diese Perspektive zu erkennen. Pflanzen und Tiere haben es da wesentlich leichter. Eine Tulpe wird zur Tulpe, ein Schlittenhund zum Schlittenhund; weder Pflanzen noch Tiere werden gegenseitig in den in ihnen angelegten Plan eingreifen und daran herumfummeln.

Anders beim Menschen. Lange bevor sich die Gentechnologie durchzusetzen begann, versuchte er und versucht es immer noch, die physische und psychische Konstitution des jeweils anderen zu beeinflussen und dem Schöpfungsplan ins Handwerk zu pfuschen. Dabei hätte jeder genug mit sich selbst zu tun. Es ist eine höchst anspruchsvolle und meist lebenslange Aufgabe herauszufinden, welche Anlagen in uns schlummern, um so zu werden, wie es die Schöpfung beabsichtigt hatte. Nur wenige haben das Glück, wie zum Beispiel die Geigenvirtuosin Anne-Sophie Mutter, bereits mit vier Jahren einen unwiderstehlichen Drang zum Geigenspiel zu verspüren. Bei den meisten dauert es viel länger, unter Umständen ein ganzes Leben lang, bis die eigene Lebensaufgabe erkannt wird. Sie muss nicht konstant sein, kann sich entsprechend den Lebensphasen auch ändern. In einer Liebesbeziehung, in der wir uns angenommen, wertgeschätzt und geliebt fühlen, gelingt es uns sehr viel besser, den eigenen Weg aufzuspüren. Vorausgesetzt, dass wir einander nicht in das angelegte und zu erkundende Programm eingreifen und damit alles durcheinander bringen.

Da bemüht sich eine Frau mit einem typischen „Tulpenprogramm", sich auf Wunsch ihres Partners und nicht zuletzt auch, um ihm ihre unumstößliche Liebe unter Beweis zu stellen, in eine Nelke umzuprogrammieren. Das wäre so, als wenn ein Schlittenhund sich abrackerte, in das Fell eines zierlichen Pudels zu schlüpfen. Das große Bemühen führt aber niemals zum Erfolg: Es kommen dabei weder Nelke noch Pudel heraus, und zugleich haben aber auch Tulpe und Schlittenhund in fataler Weise ihr ureigenstes Sein verloren.

Was dabei verlustig geht, ist aus der Paartherapie bekannt. Je nach Geschlecht ist es etwas anderes: Frauen, die den Partner zu einer Wesensveränderung bewegen, nörgeln, mäkeln, machen Vorwürfe, zweifeln an seiner Liebe oder stellen ihm, wenn alles nichts bringt, ein Ultimatum. Selbstverständlich sind Männer darüber alles andere als erfreut. Zwar empfinden sie die Attacken durchaus als störend und zweifellos enervierend. Dennoch geraten sie dadurch kaum je in einen ernsthaften Selbstzweifel. Das Selbstwertgefühl bleibt unbeschadet, und infolgedessen bleibt auch das Selbstbewusstsein intakt.

Bei Frauen ist das anders. Da viele Frauen bereits ein angeschlagenes Selbstbewusstsein haben und vor allem bemüht sind, ihr Äußeres einem Idealbild anzupassen, genügt bereits ein verstohlener Blick zu einer anderen Frau oder gar eine anerkennende Bemerkung des Partners über sie, und schon stellt die Partnerin sich selbst in Frage. Sie fragt sich – oder auch ihn –, ob ihm die andere wohl besser gefalle. Und dann kann der Partner sie noch so sehr beschwichtigen, sie als die Einzige und Wunderbarste und Auserwählte hinstellen: Sie wird es ihm nicht glauben. Die Gefahr in dieser Situation ist groß, dass sich Frauen sowohl an den vom Partner offen geäußerten als auch nur indirekt angedeuteten Wünschen, aber auch solchen, die sie lediglich vermuten, zu orientieren versuchen, um ihnen zu entsprechen. Und so kommt es zu den absonderlichsten und verrücktesten Verbiegungen. Das angestrebte Ziel aber wird nie erreicht.

Die Beteiligten erleben sich letztlich als Verlierer oder Verliererinnen, da sie es trotz größter Mühe nicht geschafft haben, sich zu verändern.

Sie wähnen sich auf der Schattenseite des Liebesglücks – denn sie fühlen sich vor allem ungeliebt. Die einen, tief enttäuscht, weil die Forderung nach Veränderung auf der Strecke blieb, die anderen, weil sie es trotz heftigen Bemühens nicht geschafft haben, die an sie gestellten Erwartungen zu erfüllen. Darüber hinaus schleicht sich ein Gefühl des Verrats an sich selbst ein, da sie sich und dem eigenen Entwicklungsprogramm untreu geworden sind. Sie haben sich selbst buchstäblich im Stich gelassen. Die Untreue sich selbst gegenüber wiegt schwer. Wir sind uns durch den Versuch, eine andere oder ein anderer zu werden, abhanden gekommen, ein Gefühl der Fremdheit beschleicht uns, und wir haben das eigenartige Empfinden, dass uns das ganze Leben aus dem Ruder läuft.

Wie es um unsere momentane Liebesfähigkeit bestellt ist, können wir anhand der folgenden Thesen feststellen:

– Liebe zeigt sich darin, ob wir in der Lage sind, unsere Partner oder Partnerinnen als eigenständige Wesen zu respektieren, vor allem dann, wenn uns gewisse Wesenszüge und Eigenschaften nicht in den Kram passen.

– Liebe ist, wenn wir unseren Partnern und Partnerinnen zugestehen, dass es ihre persönliche Angelegenheit ist, welche Vorlieben sie pflegen und in welche Richtung sie sich entwickeln werden.

– Liebe manifestiert sich darin, ob wir uns herzlich darüber freuen können, wenn der Partner oder die Partnerin den eigenen Lebensplan zu erkennen vermag und die damit verbundenen Aufgaben in Angriff nimmt.

– Liebe erkennen wir daran, ob wir in der Lage sind, Verhaltensveränderungen nicht als Liebesbeweis des anderen zu erwarten oder zu fordern, sondern das eine vom anderen trennen können.

Lieben will also gelernt sein. Die vielen unsinnigen Meinungen und Diktate über Liebesnormen, die sich in unseren Köpfen eingenistet haben, müssen ausgemistet werden. Liebe ist ein Lernprozess! Das heißt: Jede Partnerschaft ist eine Lehrveranstaltung. Während wir Gefühle des Verliebtseins geschenkt bekommen, will die Liebe erworben werden. Wenn sich der Alltag in der Beziehung allmählich in den Vordergrund drängt, lernen wir neue Seiten aneinander kennen. Wir entdecken, dass es nicht nur eine schöne Fassade gibt, sondern auch Innenräume, z.B. verstaubte Nischen mit Gerümpel auf dem Dachboden. Wir stolpern über vermoderte Kellerecken und lernen den Partner oder die Partnerin erst allmählich mit allem, was zu ihm oder zu ihr gehört, kennen.

Die gefährlichste und zweifellos auch die der Partnerschaft am meisten abträgliche Haltung drückt sich darin aus, dass der eine stets besser weiß, was der andere zu tun hat und wie er sich verhalten sollte. Nacherziehungsprogramme sind die zuverlässigsten Liebeskiller.

Wir wissen relativ wenig vom anderen, und selbst über uns bleibt vieles im Verborgenen. Mit dem Ergründen der eigenen seelischen Landkarte hätten wir bereits genug zu tun. Und falls Wünsche nach Veränderung auftreten, ist es viel sinnvoller, für sich selbst ein Umgestaltungsprogramm zusammenzustellen und sich auf diese anspruchsvolle Aufgabe einzulassen.

Den Partner oder die Partnerin aber sollten wir von sämtlichen sonderpädagogischen Zusatzmaßnahmen befreien, damit sich jeder nach seinem eigenen und ihm gemäßen Programm entwickeln kann.

Heißt das nun, dass wir uns in einer Beziehung alles gefallen lassen müssen? Zweifellos nicht! Wir sollten lediglich sämtliche Versuche einstellen, aus dem Partner oder der Partnerin einen anderen Menschen zu machen.

Das bedeutet, dass wir grundsätzlich nicht das Fernsehprogramm unserer Partner oder Partnerinnen überwachen und uns bei diesem einmischen, es sei denn, der Fernseher steht vor dem Bett und hindert uns am Schlafen.

Wer davon ausgeht, dass eine Beziehung das geeignete Lernfeld ist, um sich im Lieben zu üben, um schließlich liebend zu werden, wird nicht in die Falle tappen, den Partner oder die Partnerin umerziehen zu wollen, sondern wird sich herzlich darüber freuen können, wenn es ihm oder ihr gelingt, sich dahin zu entwickeln, was in ihm oder ihr angelegt ist. Und wer will denn beurteilen können, ob jemand ausgerechnet während eines Boxmatches, nachts um 2 Uhr 35, einen für ihn außerordentlich wichtigen Entwicklungsimpuls erhält? Und falls es diesbezüglich nichts zu vermelden gibt: Es geht uns auch nichts an!

Sollten wir aber nicht bereit sein, freiwillig auf Einmischungen zu verzichten, werden die zahlreichen uns störenden Verhaltensweisen und Eigenschaften unserer Partner und Partnerinnen dafür sorgen, dass unser Erziehungseifer irgendwann erlahmt und auf der Strecke bleibt. Und vielleicht beginnen wir dann damit, den anderen, so wie er oder sie ist, zu akzeptieren – und zu lieben. Spätestens im Altersheim.

Nähe

 **Wir machen immer alles gemeinsam**

	Ja	Nein
– Ist es in einer Beziehung wichtig, persönliche Anliegen und Wünsche möglichst zurückzustellen?	○	○
– Sollten wir uns stets darum bemühen, uns den Aktivitäten des Partners oder der Partnerin anzupassen?	○	○
– Sollte auf eigene Hobbys zu Gunsten gemeinsamer Freizeitbetätigungen verzichtet werden?	○	○

Wenn Sie kein einziges Mal mit einem überzeugten Nein geantwortet haben, könnte es sein, dass Ihnen bald die Freude am Zusammenleben abhanden kommt.

Sie sind einem großen Irrtum anheim gefallen: Paare sollten so viel als möglich gemeinsam unternehmen und darauf achten, auf eigene Aktivitäten zu verzichten. Aber selbst bei größter Anstrengung sind die meisten, die sich einem solchen Leitbild verschreiben, hoffnungslos überfordert. Wenn Nähe nicht immer wieder durch Distanz aufgebrochen wird, die ein natürliches Ein- und Ausatmen erlaubt, kann es einem der beiden oder aber auch beiden irgendwann zu eng werden.

Hans-Peter will Brigitte verlassen. Und zwar sofort. Brigitte vermutet, dass er sich in eine andere Frau verliebt hat, was Hans-Peter aber entschieden zurückweist. Er erklärt ihr viele Male, er wolle einfach wieder einmal er selbst sein. Brigitte kann nicht verstehen, was er damit meint, sie hatte stets geglaubt, dass er mit ihr mindestens so glücklich sei wie sie mit ihm.

Brigitte und Hans-Peter leben schon seit mehreren Jahren zusammen. Sie studieren beide Chemie, schließen beide im selben Jahr ab und sind nun dabei, sich in demselben Großkonzern für eine Stelle zu bewerben. Es verbinden sie nicht nur die gleichen beruflichen Interessen, sondern auch ihr Bekanntcn- und Freundeskreis ist beinahe identisch – bis auf einige Kollegen von Peter, die er aber seit der Beziehung mit Brigitte nicht mehr trifft. Sie achten darauf, möglichst viel ihrer freien Zeit miteinander zu verbringen. Deshalb gibt Hans-Peter sein heißgeliebtes Segeln auf, um regelmäßig mit Brigitte in dem nahe gelegenen Wald zum Joggen zu gehen.

Nun aber will er von ihr weg, möglichst weit weg, lieber heute als morgen. Zuerst plant er eine Weltreise. Dann überlegt er, für ein Jahr ins Ausland zu gehen. Und seit neuestem denkt er darüber nach, sich zum freiwilligen Einsatz in Krisengebieten zu melden.

Hans-Peter ist es offenbar zu eng geworden. Es ist ihm in der Beziehung nicht gelungen, den notwendigen Freiraum zu schaffen. Der kaum noch zu zügelnde Drang, von Brigitte wegzugehen, zeigt, wie sehr er sich selbst und seine eigenen Anliegen und Aktivitäten vernachlässigt hatte. Dahinter steckt das natürliche Bedürfnis, endlich wieder einmal er selbst zu sein und all die Dinge zu unternehmen, die ihm ganz persönlich gefallen und wichtig sind, wie zum Beispiel sich mit seinen Freunden zu treffen, die ihm früher sehr viel bedeuteten. Er will seinem Hobby, dem Segeln, wieder ungestört und ohne ein schlechtes Gewissen nachgehen können. Auch hat er es satt, sich wie ein Dieb davonschleichen zu müssen, um sich wenigstens die Übertragung einer spannenden Regatta an der Ostsee im Fernsehen anzuschauen. Er will wieder mit dabei sein, live, und sich den Wind um die Ohren pfeifen lassen und endlich ein eigenes Leben führen.

Wer sich in einer Beziehung zu stark den Aktivitäten des Partners oder der Partnerin anpasst, läuft Gefahr, dass die eigenen Vorlieben in den Hintergrund gedrängt werden. Und daraus wird, langfristig gesehen, ein ernst zu nehmendes Problem. Wenn wir unsere Bedürfnisse und alles, was uns Freude macht, dahingehend verändern, dass unsere Welt nahtlos in die Welt des Partners oder der Partnerin hineinpasst, verleugnen wir das, was uns lieb und besonders wichtig ist. Es mag durchaus für eine bestimmte Zeit gelingen, die eigenen Wünsche unter Verschluss zu halten und zu unterdrücken. Auf Dauer aber wird der stärkste Wille nicht dagegen ankommen, die inneren Impulse unter Verschluss zu halten.

Wer seine Welt zu Gunsten des Partners oder der Partnerin aufgibt, fühlt sich eines Tages leer und ausgeraubt. Wir geraten in einen Teufelskreis. Zuerst haben wir das Empfinden, die ganze Misere selbst verursacht zu haben. Dann sehen wir es als notwendig an, uns für die persönlichen Wünsche einzusetzen, und stellen dabei aber fest, dass wir sie gar nicht mehr genau kennen. Wenn wir unsere individuelle Welt verloren haben, werden wir früher oder später etwas vermissen und auf die Suche nach etwas gehen, das wir vielleicht nicht einmal mehr genau benennen können. Es fühlt sich wie ein Verrat an der eigenen Person an, wie wenn wir uns selbst untreu geworden wären. Wer zu viel von seinen eigenen Interessen für das vermeintliche Wohl der Partnerschaft aufgibt, vollbringt nicht nur ein Opfer, das niemandem nützt, sondern langfristig schadet. Hinter einer solchen Haltung verbirgt sich eine völlig falsche Vorstellung von einem guten Funktionieren der Partnerschaft.

Vielleicht hängen noch Erinnerungen an unsere Herkunftsfamilie in unseren Zellen, die vor allem das Verhalten unserer Mütter aufzeichneten, deren Selbstaufgabe die Grundlage für den Zusammenhalt der Familie bildete. Diese alten Bilder üben auf unser eigenes Verhalten einen großen Einfluss aus und wirken selbst noch dann, wenn wir mit dem Verstand den Missstand längst begriffen haben. Es ist auf alle Fälle lohnenswert, die eigene Geschichte zu erforschen und sich die Frage zu stellen, welche Werte in der Familie vermittelt wurden. Indem wir uns ganz gezielt mit überholten Einstellungen und ihren verheerenden Folgen auseinander setzen, machen wir uns den Weg frei für neue Leitideen. Erst dann wird es uns gelingen, direkt auf unser Verhalten einzuwirken.

Wir sollten uns darüber klarwerden, dass die Dynamik jeder Partnerschaft gerade durch die Unterschiedlichkeit ihrer Beteiligten die wichtigsten Impulse erhält – was sich ja in der Sexualität besonders deutlich zeigt. Beginnen wir nun, unsere Wesensverschiedenheit, die in speziellen Hobbys und Freizeitaktivitäten zum Ausdruck gelangt, aufzugeben und uns einander anzugleichen, verlieren wir genau das, was unsere persönliche Note ausmacht. Und damit erlahmen auch allmählich die Faszination und das Interesse aneinander. Wir sollten uns nicht wundern, wenn wir etwas gelangweilt nebeneinander am Strand sitzen und uns nichts mehr einfallen will, was wir einander erzählen könnten. Wenn uns weder das gemeinsame Erleben plätschernder Wellen zu einem vitalisierenden Aufbruch zu inspirieren vermag noch der uns einigende Ärger über den verstreuten Touristenmüll zu einer erhitzten Debatte beflügelt, dann ist es höchste Zeit, der individuellen Persönlichkeit wieder den Vortritt zu lassen.

Wenn wir eigene Wünsche und Interessen aufgeben – auch wenn wir es freiwillig tun –, erwarten wir für die erbrachte Spende wenigstens eine angemessene Rückvergütung. Und damit kommt noch eine zusätzliche äußerst problematische Thematik in die Beziehung und sorgt für weiteren Zündstoff. Wer eine Gegenleistung erwartet, fühlt sich als Opfer und schiebt indirekt mit dieser Haltung der anderen Person Schuld in die Schuhe. Diese kann sich noch so sehr bemühen, die vermeintliche Schuld abzutragen, es wird ihr nicht gelingen. Wie sollte es möglich sein, eine auch nur annähernd gleichwertige Erlebnisqualität zurückzuerstatten? Es ist kaum anzunehmen, dass sich ein der Beziehung zuliebe auf dem Trockenen gestrandeter Segler, für den es ein unbeschreibliches Glücksgefühl ist, über die Wellen zu gleiten, mit einem gemeinsamen Jogging durch den Wald auch nur einigermaßen entschädigt fühlt. Ein tief sitzender Groll nagt in seinem Innersten.

Keine Beziehung wird langfristig einem derartigen Anspruch gerecht werden können. Eine Beziehung kann vieles leisten, wie beispielsweise die Erfahrung vermitteln, irgendwo in einem Heimathafen gut aufgehoben zu sein. Anders ist es bei einer Forderung wie dieser: „Ich höre deinetwegen auf, Tennis zu spielen, aber du musst mich dafür glücklich machen." Das eine Gefühl kann nicht durch ein anderes kompensiert werden. Diese Rechnung wird nicht aufgehen. Es wird kaum gelingen, die Glücksgefühle, die beim Ausüben eines speziellen Hobbys ausgelöst werden, mit einer Sportart, einem gemeinsamen Spaziergang oder einem guten Essen mit Kerzenlicht zu ersetzen.

Alle Aktivitäten – wie auch immer sie aussehen mögen –, die uns besonders viel Freude machen, haben für uns eine wichtige Funktion. Ob wir nun Orchideen züchten oder an Motocross-Veranstaltungen teilnehmen: Wir sind in solchen Momenten mit unseren vitalsten Energien verbunden, die wir zur Verfügung haben. Wir werden angeregt, sind freudig und heiter und haben das Gefühl, am Pulsschlag des Lebens zu sitzen. Es ist wie eine sprudelnde Quelle, die uns nährt, kräftigt und uns mit Zuversicht versorgt. Wir sind in intensivem Kontakt mit uns selbst und fühlen uns in solchen Augenblicken in einem umfassend guten Einverständnis mit unserem eigenen Leben. Diese glücklichen, belebenden Erlebnisse sind ein großes Auftanken mit Lebensenergie.

Die Vorstellung, stets in einem Miteinander an derselben Zapfsäule Energien zu tanken, ist ziemlich naiv. Der eine Partner fährt am besten bleifrei. Der andere mit Diesel. Die sich ständig verordnete Nähe verhindert, dass jeder seinen geeigneten Treibstoff tanken kann.

Einer der wichtigen Ausgangspunkte für eine gut funktionierende Beziehung liegt darin, dass wir in erster Linie immer wieder für die notwendige Distanz sorgen, damit jeder genügend Freiraum erhält.

Wenn sich der Wunsch nach Trennung einstellt oder aber einer der beiden Partner fluchtartig das gemeinsame Domizil verlassen will, um wieder einmal durchzuatmen und sich selbst zu spüren, heißt das, dass wir zu nah aufeinander leben. Es ist uns dann in der Beziehung zu wenig gelungen, eigene Gestaltungsräume zu nutzen. Wer sich in der Beziehung zu wenig Raum für Eigendrehungen erlaubt, verliert mit der Zeit die eigene Identität und wird irgendwann einmal aufbrechen müssen, um das zu suchen, was für uns alle das Wichtigste ist: das eigene Selbst.

Deshalb tun wir gut daran, uns und unsere persönlichen Bedürfnisse, Wünsche und Interessen sehr ernst zu nehmen und ihnen in der Beziehung genügend Freiraum für eigene Aktivitäten zu verschaffen.

Das heißt natürlich nicht, dass wir nur noch selbstbezogen unsere Pirouetten drehen und die Gemeinsamkeit aus den

Augen verlieren. Es gibt in einer Beziehung genügend Situationen, in denen wir aus sachlichen Erwägungen die eigenen Präferenzen zurückstellen müssen. Sind Kinder vorhanden, wird die Lebensgestaltung ohnehin weitgehend durch sie bestimmt. Gerade dann aber ist es wichtig, daneben auch die eigenen Bereiche zu pflegen. Es ist nicht einzusehen, weshalb Menschen, die in einer Beziehung leben, nicht gelegentlich auch alleine oder mit befreundeten Personen ohne den Partner etwas unternehmen, was sie erfüllt. Die gewonnene Freude wird sich direkt als Turboeffekt auf das Zusammenleben auswirken und stellt ein großes Kraftreservoir dar. Sollte es einmal dazu kommen, dass wir Beziehungskrisen zu bewältigen haben, können wir darauf zurückgreifen und uns stärken. Die Partnerschaft kann nicht sämtliche Bedürfnisse abdecken und uns in allen Bereichen gleichermaßen beflügeln. Freuen wir uns doch darüber, wenn unsere Partner Lebensbereiche außerhalb unserer Beziehung zur Verfügung haben, an denen sie sich erquicken.

Wenn wir unsere Welt bereits derart auf die des Partners oder der Partnerin zurechtgestutzt haben, dass wir uns an die eigenen Wünsche und Bedürfnisse kaum noch erinnern, dann hilft uns die Frage, welchen besonderen Vorlieben wir vor Beginn unserer Beziehung nachgegangen sind. Manchmal ist es gut, bis in die Jugendzeit zurückzugehen, um frühe Bilder zu beleben und wieder eine Verbindung mit den Bereichen herzustellen, die uns damals besonders am Herzen lagen. Manchmal braucht es etwas Geduld, um Vergangenes aus dem Dornröschenschlaf aufzuwecken. Und während allmählich Erinnerungen in uns wach werden, steigt plötzlich das einstige Wohlgefühl wieder auf: Das Herz pocht erwartungsfroh, es kribbelt in den Fingern, pulsiert in den Füßen, und wir können gar nicht anders, als einem altbekannten Impuls zu folgen und uns auf die Socken zu machen.

Offenheit

 **Wir wollen einander alles sagen**

	Ja	Nein
– Ist für Sie totale Offenheit in einer Beziehung wichtig?	○	○
– Sind Sie davon überzeugt, dass die Wahrheit unter allen Umständen immer auf den Tisch muss?	○	○
– Sollten Paare keine Geheimnisse voreinander haben?	○	○

Falls Sie mehrmals mit Ja geantwortet haben:

Für Sie ist Kontrolle eine wichtige Lebenshilfe. Sie befürchten, ohne die Oberaufsicht über den Partner oder die Partnerin könnte alles aus dem Ruder laufen. Sie sind eher skeptisch und trauen weder Ihrem Partner noch sich selbst zu, eigenverantwortlich zu handeln und für sich Entscheidungen zu treffen.

Sie haben eine Vorstellung von Bedingungen, die erfüllt sein müssen, damit eine Beziehung Bestand haben wird, und dazu gehört totale Offenheit. Selbst wenn Ihr Partner oder Ihre Partnerin ebenfalls diese Ansicht teilt, ist die Chance groß, dass Sie nicht darum herumkommen, im Laufe der Beziehungsjahre über die bedingungslose Wahrheitsliebe nachzudenken, um eventuell eine Korrektur vorzunehmen.

Rita, Sozialpädagogin, und Swen, selbstständiger Informatiker, leben seit drei Jahren zusammen. Sie verstehen sich ausgezeichnet und wollen noch dieses Jahr heiraten. Sie zweifeln nicht daran, dass sie eine gute Ehe führen werden, und haben sich schon viele Gedanken darüber gemacht, welche vorbeugenden Maßnahmen für das Gelingen der Gemeinschaft zu treffen sind. Sie haben beschlossen, auf jeden Fall immer ihre Probleme und Schwierigkeiten miteinander zu besprechen. Darüber hinaus haben sie sich das Versprechen gegeben, sich alles zu sagen und voreinander keine Geheimnisse zu haben.

Swen ist im Beruf sehr erfolgreich, und sein Tätigkeitsbereich beginnt sich allmählich ins Ausland auszudehnen. Es kommt immer wieder vor, dass er für einige Tage unterwegs ist. Als er nach London reisen muss, lernt er an der Rezeption des Hotels zufällig eine interessante Managerin eines großen Informatikunternehmens kennen. Sie kommen miteinander ins Gespräch, und es entwickelt sich sofort eine spannende Unterhaltung. Sie verbringen den Abend zusammen und anschließend auch die Nacht. Am Morgen ist alles vorbei. Und damit wäre die Sache erledigt gewesen. Swen ist sofort wieder mit seinen geschäftlichen Besprechungen beschäftigt, denkt weder an die andere Frau, noch wünscht er eine Wiederholung, im Gegenteil: Er freut sich aufs Heimkommen und vor allem auf Rita, die er sehr vermisst.

Rita holt ihn strahlend am Flughafen ab und hat viel zu erzählen. An ihm aber nagt das schlechte Gewissen, ist er sich doch bewusst, dass er auf Grund ihrer Abmachung das kleine Abenteuer beichten sollte. Gleichzeitig aber schreckt er davor zurück, findet es geradezu grotesk, Rita, die so freudig und unbekümmert an seiner Seite geht, eine derartige Nachricht zu überbringen, die wie ein Dolchstoß für sie wäre. Er weiß, dass es sie zutiefst verletzen würde und sie niemals damit rechnete, dass er einfach so leichtfertig mit einer anderen Frau ins Bett steigen könnte. Zumal sie ein ausgesprochen reges Sexualleben führen, das sie beide gleichermaßen genießen.

Nun gehört aber Swen zu den Menschen, die sich grundsätzlich an Abmachungen halten. Er ist stets darum bemüht, nicht nur im privaten, sondern auch im geschäftlichen Leben offen und ehrlich zu sein. Er gerät in einen tiefen Gewissenskonflikt, aus dem er keinen Ausweg findet. Soll er Rita von dieser Nacht erzählen, die ja nahezu aus seinem Gedächtnis verschwunden ist? Oder soll er das Abenteuer – entgegen ihrem Abkommen – für sich behalten? Dies würde allerdings bedeuten, dass er sich mit belastenden Schuldgefühlen herumzuschlagen hätte, was sich ebenfalls negativ auf die Beziehung auswirken könnte.

Eine Beziehung ist ein komplizierter Versuch, zwei eigenständige Personen zu etwas Übergeordnetem zusammenzuführen und eine Partnerschaft zu konstruieren. Wenn Paare Spielregeln aushandeln, die ausschließlich das vermeintliche Wohl und den Erhalt der Beziehung garantieren sollen, die aber die individuellen Möglichkeit des Einzelnen zu wenig berücksichtigen, wird sich eine der beiden Personen oder gar beide hoffnungslos überfordert fühlen.

Jeder Mensch, auch jener, der in einer Beziehung lebt, ist in erster Linie ein Einzelwesen. Deshalb sollten alle Abmachungen, die von einem Paar getroffen werden, immer auch aus den individuellen Perspektiven der Einzelnen Sinn machen. Eine Beziehung kann nur dann gelingen, wenn sich beide als selbstbestimmende und selbstverantwortliche Einzelpersonen verstehen und ihrer Identität als Individuum treu bleiben.

In der kindlichen Entwicklung findet in der Vorphase der Adoleszenz eine interessante Verhaltensveränderung statt. Kinder dieser Altersgruppe beginnen, Grenzen zwischen anderen und sich zu setzen. Sie schließen beispielsweise die

Türe zu ihrem Zimmer ab. Sie haben ein verschließbares Kästchen, wo sie Dinge aufbewahren, die ihnen besonders wichtig sind. An dieser eigenen Welt wollen sie niemanden teilhaben lassen, keinen Kommentar oder eine Beurteilung darüber hören. Auch das verschließbare Tagebuchschreiben fällt in diese Phase. Wer Tagebuch schreibt, führt in der Regel einen Dialog mit sich selbst, und dieses Selbstgespräch geht niemanden etwas an. Es handelt sich hier nicht um eine vorübergehende Phase, sondern um eine wichtige Entwicklungsstufe, in der sich der Mensch als Einzelwesen verstehen lernt. Auch wenn wir in einer Liebesbeziehung leben, wird es immer Bereiche geben, die wir niemandem preisgeben wollen, sondern gegenüber Außenstehenden – auch dem Partner oder der Partnerin gegenüber – abgrenzen und schützen.

Das Motiv für ein solches Verhalten ist nicht darin zu suchen, dass etwas Verbotenes zu verbergen ist, sondern dass sich ein natürliches Bedürfnis meldet, auch eine eigene, nur vor sich selbst zu verantwortende Welt zu haben. Deshalb ist der Vorwurf „Wenn es nichts zu verbergen gibt, darf ich auch alles wissen", der auch von Eltern wegen des abgrenzenden Verhaltens an ihre pubertierenden Kinder gerichtet wird, in der Regel falsch. Oft entpuppt sich ein streng gehütetes Geheimnis für Außenstehende als etwas völlig Banales. Die Offenlegung aber ist meist äußerst kränkend und zerstört den Zauber, etwas ausschließlich nur für sich zu haben.

Versuchen wir aber, die Regung zu unterdrücken, irgendwo eine geheime Nische zu besitzen, arbeiten wir gegen uns selbst und schließlich gegen ein natürliches menschliches Bedürfnis nach Autonomie und Selbstverantwortung. Es ist eine gänzlich normale Angelegenheit, dass der Mensch seine kleinen Geheimnisse, seine private und superprivate Welt, haben möchte, die nur für ihn bestimmt ist, über die er niemandem Rechenschaft abzulegen hat.

Unter dem Aspekt der Autonomie und Eigenverantwortlichkeit ist es äußerst zweifelhaft, ob ein Geständnis eines einmaligen Ausrutschers zum gemeinsamen Beziehungsproblem werden soll, das in vielen Fällen zu größter und lang andauernder Auseinandersetzung und Verunsicherung führt und ernsthafte Zweifel an der Liebe des Fremdgehenden aufkommen lässt.

Auch wenn sich alles gegen ein solches Klischee auflehnt: Berichten von Fremdgehern und -geherinnen zufolge gibt es tatsächlich Menschen, die, wenn sie sich aushäusig geschlechtlich vergnügen, dies ausschließlich mit ihren Geschlechtsteilen tun, während das Herz zu Hause bleibt. Das ist oft nicht einfach zu verstehen, vor allem für jene, die Sexualität nicht abgekoppelt von der Gefühlswelt erleben. Geschlechtsspezifische Unterschiede zeigen sich im Umgang mit dieser Thematik. Es gibt nicht wenige Männer, denen es durchaus entspricht, sich ohne jegliche Beteiligung einer Gefühlsbindung vom hormonellen Überdruck zu entlasten. Frauen hingegen neigen eher dazu, Sexualität mit Liebe zu verknüpfen – was selbstverständlich nicht heißen soll, dass sich beide Geschlechter stets nach diesem Muster verhalten. Statistisch gesehen aber geben Frauen sehr viel häufiger ihre Beziehung zu Gunsten des Seitensprungpartners auf, um mit ihm eine neue Verbindung einzugehen. Allein der Fremdgeher oder die Fremdgeherin kann beurteilen, welche Bedeutung der Seitensprung für die Beziehung hat.

Die Motive, die zu Vereinbarungen wie jener führen, einander alles beichten zu wollen, sind sehr unterschiedlich, und oft sind sie nicht allein vom hehren Wunsche durchdrungen, dadurch die Beziehung besonders sorgsam pflegen und schützen zu wollen.

Da ist einmal der Wunsch nach Aufsicht und Kontrolle. Wir trauen dem Partner oder der Partnerin zu, er oder sie könnte sich hinter unserem Rücken unangemessene Vergnügungen mit anderen leisten. Und weil in einem solchen Falle das Glück von der Ausschließlichkeitsklausel lebt, wollen wir auch die Gewissheit darüber erlangen und sie jederzeit überprüfen. Zugleich verpflichten wir uns selbst, dass unser Handeln jederzeit vor der partnerinstanzlichen Prüfung standhalten kann. Wir beschneiden unseren Handlungsspielraum freiwillig und eventuell prophylaktisch – vielleicht haben wir aber auch gute Gründe dafür. Ebenso können eigene unbewusste Wünsche nach einem Seitensprung auf den anderen projiziert werden, die sich als getarnte Befürchtungen zeigen, betrogen zu werden. So wird die Abmachung einer „totalen Offenheit" als Gegenmittel für die eigene Angst eingesetzt. In den siebziger Jahren, in denen der Trend noch darüber hinaus ging und gar „die offene Beziehung" proklamierte, selbstverständlich ideologisch untermauert, haben sich viele Paare hoffnungslos überfordert. Die Vorstellung, wenn wir alles voneinander wissen, verleihe das den Beziehungen besondere Stabilität, wurde auf Grund gegenteiliger Erfahrungen wieder aufgegeben.

Eine vereinbarte Wahrheitsbekundung bringt aber für einige den großen Vorteil, sich von unangenehmen Gewissensbissen, Spannungen und Schuldgefühlen mit einem einzigen Akt des Geständnisses zu befreien. Und vielleicht kalkulieren wir ganz nüchtern mit den Gedanken einer großzügigen Vergebung, einer Generalamnestie, eventuell gar noch mit einem anerkennenden Lob oder gar einem Bonus für vorgebrachte Offenheit, im Sinne von „wenigstens hast du mir die Wahrheit gesagt". Daraus ließe sich eventuell auch noch die Absolution für zukünftige außereheliche Aktivitäten ableiten.

In Beziehungen gibt es kleine Geheimnisse und große. Es gibt gutartige und bösartige. Ein bösartiges Geheimnis ist, wenn jemand heimlich eine Außenbeziehung führt und den

Partner oder die Partnerin im guten Glauben lässt, alles sei in bester Ordnung. In einem solchen Arrangement ist die Lüge Dauergast, die Betrogenen werden jeden Tag immer wieder neu hinters Licht geführt und angelogen. Wenn solche Verhältnisse auffliegen, wird es besonders schwierig sein, neben der Tatsache des Treuebruchs auch noch die unendlich vielen kleinen Alltagslügen zu verarbeiten.

Bei den kleinen Geheimnissen hingegen handelt es sich um das persönliche Schrebergärtlein, in dem es einfach Ecken und Nischen gibt, die wir mit niemandem teilen möchten. Eine hormonelle Eruption, allein oder mit anderen, gehört in diesen individuellen Bereich. Es gibt Menschen, die, obwohl sie in einer Partnerschaft leben, gerne und lustvoll onanieren. Soll das jedes Mal an die große Glocke gehängt werden?

Letztlich zieht sich das Thema Selbstverantwortung und Autonomie wie ein roter Faden durch das ganze Leben. Es wird auch dann nicht verschwinden, wenn wir in einer Gemeinschaft mit einem anderen Menschen leben. Je besser es uns gelingt, als eigenständige Wesen die Verantwortung für unser Tun und Handeln zu übernehmen, um so größer wird die Chance, dass auf dieser Basis eine Beziehung Fuß fassen kann. Dazu gehört eine realistische Selbsteinschätzung, damit wir nicht an uns selbst Forderungen stellen, die wir nie erfüllen können. Wenn wir uns kennen lernen, oder wenigstens Teile davon, werden wir Einblick in das menschliche Wesen erhalten und nicht der irrtümlichen Meinung verfallen, Partnerschaften seien mit Versprechungen, einander alles zu sagen, abzusichern.

Psychoterror

Ich seh' etwas, was du nicht siehst!

	Ja	Nein
– Ist es für das Gelingen einer Partnerschaft unabdingbar, alles über das Seelenleben der anderen Person zu wissen?	○	○
– Falls der Partner oder die Partnerin Verhaltensweisen und Eigenschaften hat, die kaum oder nur schwer zu verstehen sind, sollten sowohl Kindheit als auch vorangegangene Beziehungen mit einem Röntgenblick durchleuchtet werden?	○	○
– Ist es notwendig, den anderen mindestens so gründlich zu kennen wie sich selbst?	○	○

Wenn Sie nicht alle Fragen mit einem entschiedenen Nein von sich gewiesen haben, gehen Sie davon aus, dass Liebesbeziehungen mit Eigentumsrechten am Innenleben der Partner oder Partnerin gleichzusetzen sind. Sie behandeln eine Beziehung wie eine Geschäftsübernahme, wo vor dem Kauf sämtliche Fakten und Zahlen auf den Tisch gelegt werden müssen. Sie dringen mit diesen Forderungen in Bereiche ein, zu denen Ihnen vom anderen nicht unbedingt freiwillig Zutritt gewährt wird. Sie wollen Ihre Nase überall hineinstecken, herumschnüffeln und auskundschaften, um möglichst über „Ihren Besitz" Bescheid zu wissen und darüber zu verfügen.

Es handelt sich um einen totalen Machtanspruch auf die andere Person, die sich zumeist mit liebender Fürsorge tarnt. Dahinter steckt oft eine unbewusste Angst vor dem Verlassenwerden. Man hofft, durch ein möglichst umfassendes Wissen Kontrolle über den andern zu erlangen, um rechtzeitig einem möglichen Scheitern der Beziehung vorzubeugen. Ein solches Verhalten ist mit einem Flugzeugcheck zu vergleichen, wo die exakte Überprüfung aller der Kontrolle zugänglichen Bestandteile vor jedem Flug zu mehr Sicherheit führen soll.

Für Karin ist Rolf schon seit jeher ein Buch mit sieben Siegeln. Vieles an seinem Verhalten kann sie nicht verstehen, und da er über seine Gefühle nicht spricht, weiß sie wenig über sein Innenleben.

So ist es für sie immer ein schmerzhaftes Rätsel geblieben, weshalb er stets darauf achtet, sie auf einer gewissen Distanz zu halten. Je näher sie ihm kommen will, umso heftiger wehrt er sie ab oder weist sie gar schroff zurück. Zärtlichkeiten, ein vertrautes Aneinanderkuscheln finden grundsätzlich nicht statt. Die kurzen Momente, in denen sie miteinander Sex haben, gehen ziemlich nüchtern, fantasielos und in wenigen Minuten über die Bühne. Sie zweifelt immer wieder an seiner Liebe, möchte wenigstens gelegentlich von ihm hören, was sie ihm bedeutet, und vor allem, dass er sie liebt – denn fühlen kann sie es nicht. Doch wenn Karin einen vorsichtigen Versuch unternimmt, mit Rolf darüber zu sprechen, wendet er sich ab, zieht sich ganz zurück, und sie braucht viel Geduld, bis er von selbst wieder auf sie zukommt.

Karin ist sehr verzweifelt und hat sich schon des Öfteren überlegt, ob sie sich nicht besser trennen sollte. Zwar möchte sie Rolf nicht verlieren, aber so, wie er ist, will sie ihn auch nicht. Um mehr Einblick in seine Psyche zu gewinnen, hat sie bereits mit Freundinnen Gespräche geführt und das Problem erörtert. Einige Frauen berichten über ähnliche Situationen mit ihren Partnern, und sie vermuten, dass es sich bei Rolf um ein Fehlverhalten handelt, dessen Ursachen in seiner Kindheit zu suchen sind.

Als erste Massnahme besucht Karin einen Astrologiekurs. Sie hofft, über die Sternkunde wichtige Hinweise auf sein vertracktes Seelenleben in Erfahrung zu bringen. Schon bald beginnt sie, sein Horoskop zu deuten und wichtige Aspekte herauszulesen, die für ihre Schwierigkeiten verantwortlich sein könnten. Als sie nun Rolf ihre Einsichten mitteilt, ist er alles andere als erfreut und verschließt sich noch mehr.

Karin aber gibt nicht auf. Als nächstes besucht sie heimlich einen Psychologiekurs in der Volkshochschule. Dort lernt sie andere Kursteilnehmerinnen kennen, die wie sie dem Rätsel Mann auf der Spur sind. Sie beginnt wie besessen ein Sachbuch nach dem anderen zu verschlingen. Der Austausch mit Gleichgesinnten nach den Kursstunden ist für sie beinahe noch wichtiger und vor allem sehr viel aufschlussreicher als der Unterricht. In diesen Unterhaltungen wird ihr bald klar, dass es sich nicht nur um ein harmloses Fehlverhalten, sondern um eine äußerst schwerwiegende Störung in seinem psychischen Haushalt handelt. Die Ursachen liegen für sie bald auf der Hand: die Kindheit, genau genommen: die Mutter-Kind-Beziehung.

Es folgen viele getarnte Gespräche, in denen sie nach stichhaltigen Hinweisen und Fakten in seiner Kindheit fahndet, die ihre Vermutungen bestätigen. Bereits nach kurzer Zeit fühlt sie sich dazu berufen, seine Verhaltensweisen zu deuten und zu interpretieren. Ja, es macht ihr sogar Spaß, seine Psyche auseinander zu nehmen, darin herumzuspazieren und seine Defekte aufzudecken. So kommt sie denn, mit Unterstützung der anderen Kursteilnehmerinnen, zu der Erkenntnis, Rolf habe eigentlich nur deshalb Angst vor Nähe, weil seiner Mutter gravierende Fehler in der Erziehung unterlaufen sind. Er sei von falsch verstandener Mutterliebe beinahe erdrückt worden. Dieses Risiko wolle er jetzt nicht noch einmal eingehen, deshalb fliehe er heute vor ihr und sei in höchstem Masse beziehungsgestört. Sie will nun bei einer Psychotherapeutin vorsprechen, um ihn dort für eine Therapie anzumelden. Als sie Rolf mit ihren Analysen über den Zustand seiner Psyche konfrontiert, bekommt er einen derartig heftigen Wutanfall, dass er beinahe handgreiflich geworden wäre.

Der Eifer, den Karin an den Tag legt, um dem Partner mit psychologischen Konzepten beizukommen, kann oft bei Menschen beobachtet werden, die anfangen, sich mit psychologischen Theorien zu beschäftigen. Es ist durchaus verständlich, wenn die Begeisterung über ein neu entdecktes Wissensgebiet unverzüglich zur Anwendung drängt. Wenn aber Hobbypsychologen und -psychologinnen beim Partner oder der Partnerin in der Seele herumstochern, muss damit gerechnet werden, dass die Beziehung in eine nicht zu unterschätzende und ernst zu nehmende Krise gerät.

Wir stehen uns in einer Partnerschaft sehr nah und zeigen uns so unverstellt und echt, wie es uns möglich ist. Das macht uns verletzbar und angreifbar. In einer intimen Beziehung gehen wir aber davon aus – oder hoffen es zumindest –, dass der andere behutsam und vorsichtig mit den Schwachstellen umgeht, die wir zeigen. Wir wollen unter keinen Umständen bloßgestellt werden, wir wollen auch nicht, dass der andere unsere Schwächen ausnutzt. Selbst bei größtem Vertrauen gibt es aber bei den meisten Menschen geheime Bereiche, die sie niemandem offenbaren möchten. Es kann sich dabei um sehr schmerzliche Erfahrungen handeln, die vielleicht noch gar nicht richtig verarbeitet sind, die sich dem Bewusstsein entziehen und einer bewussten Erinnerung überhaupt nicht oder erst zu einem späteren Zeitpunkt zugänglich sind. Aber auch wunderschöne Erlebnisse möchte man gelegentlich als persönliches Geheimnis bewahren, sie sollen nicht preisgegeben werden, sondern in ihrer Einzigartigkeit unangetastet bleiben.

Wenn nun in einer Beziehung eine der beiden Personen beabsichtigt, tiefer in das Seelenleben des anderen einzudringen, um einen umfassenderen Einblick zu erhalten, dann wird eine vorgegebene Grenze missachtet und in verbotenes Gebiet eingedrungen. Wird nun auch noch der Versuch unternom-

men, Ahnenforschung zu betreiben, die Kindheit, die Eltern-
beziehung zu untersuchen, überhaupt in der gesamten Lebensgeschichte herumzuschnüffeln, erreicht die Respekt-
losigkeit einen weiteren Höhepunkt. Kommt es aber auch
noch zu einer laienhaften Diagnose, die derart zusammenge-
stohlene Lebensfakten als Hintergrund für das „gestörte"
Verhalten des Partners oder der Partnerin psychologisch
interpretieren will – auch wenn die Motive noch so edel und
ehrenhaft zu sein scheinen, wie z. B., um den Partner besser
verstehen zu können –, muss damit gerechnet werden, dass
sich die Analysierten und Interpretierten entweder zutiefst
verletzt fühlen oder mit Wut reagieren. Mit Recht! Schließlich
ist das tiefsinnige Psycho-Deuteln ein absolut unzulässiger
Eingriff, vergleichbar mit einem Einbruch, da die privateste
Ecke durchwühlt und ausgeraubt wird.

Deshalb sind heftige Reaktionen durchaus verständlich.
Niemand will sich ohne eigenes Einverständnis einem zerstörerischen und gefährlichen Röntgenblick aussetzen, begut-
achtet und analysiert werden, niemand will verdächtigt und
auf Dinge hingewiesen werden, die er oder sie vielleicht selbst
nicht einmal weiß und verstehen kann. Das Einbeziehen und
Durchleuchten der Eltern samt ihrer Herkunft bis hin zu den
Großeltern macht die Sache noch schlimmer, vor allem dann,
wenn Erziehungsfehler oder Milieuschäden als Ursache für
Beziehungsschwierigkeiten herangezogen werden. Der Angriff wiegt schwer und wird nachhaltige Folgen für ein weiteres Miteinander haben.

Noch etwas anderes ist zu bedenken: In einer Partnerschaft
haben wir in Bezug auf den anderen bestimmte Wünsche,
Vorstellungen und Hoffnungen. Das beeinträchtigt unsere
Wahrnehmung und macht uns betriebsblind. Die Fakten über
Vergangenheit und Kindheit des Partners oder der Partnerin
können noch so lückenlos aneinander gereiht werden, sie

bleiben dennoch lediglich Bruchstücke aus der subjektiv getrübten Perspektive. Eine derart persönlich gefärbte Sichtweise reicht bei weitem nicht aus, um auch nur annähernd einen aufklärenden Beitrag dafür zu leisten, welche prägenden Lebensereignisse eventuelle spätere Beziehungsstörungen verursacht haben. Das Risiko ist groß, dass die Schlussfolgerungen unzulässig, sogar falsch sind. Die Beziehung gerät folglich in ein noch größeres Ungleichgewicht und bekommt eine gefährliche Schlagseite.

Jeder Mensch hat das Recht, selbst darüber zu befinden, wie viel er von seiner Innenwelt preisgeben will. Oft tappen wir, was Selbsterkenntnis betrifft, selbst im Dunkeln und wagen nicht, überall genau hinzusehen. Das Wegschauen, die Verdrängung unangenehmer, schmerzlicher oder gar traumatischer Erlebnisse sind nicht nur als verwerfliche oder zu verpönte Verdrängungsaktion, sondern auch als eine wichtige Schutzfunktion zu verstehen. Es gibt Erlebnisse und Erfahrungen, die derart qualvoll waren, dass die Betroffenen sich erst dann daran erinnern können, wenn sie sich innerlich stark genug fühlen und bereit sind, sich damit zu konfrontieren. Der Zeitpunkt für eine solch wichtige und nicht selten auch dramatische und Kräfte zehrende Auseinandersetzung kann unmöglich von außen durch den Lebenspartner oder die Lebenspartnerin bestimmt werden.

Psychologische Theorien und Systeme sind für den Hausgebrauch dann hilfreich und nützlich, wenn sie zur richtigen Anwendung kommen und folgende Regel strengstens beachtet wird: Wer sich psychologische Kenntnisse aneignet, sollte die ersten Anwendungsversuche unter keinen Umständen beim Partner oder der Partnerin machen, sondern sich selbst unter die Lupe nehmen. Und wer beginnt, sich ernsthaft mit der eigenen Person und der eigenen Biografie auseinander zu setzen, ist für den Rest seines Lebens ausreichend beschäftigt.

Denn da gibt es tatsächlich viel Interessantes zu entdecken, zu staunen und zu lernen. Selbstverständlich gibt es auch Dinge, die einen erschüttern und nicht leicht zu verkraften sind – aber das gehört dazu.

Je mehr wir in die eigene Lebensgeschichte eindringen, den Zusammenhang zwischen unseren Verhaltens- und Erlebensweisen und dem Hintergrund begreifen, auf dem sie stattfinden, umso grundsätzlich neugieriger werden wir auf das Leben. Wer an sich selbst die Erfahrung gemacht hat, wie subtil prägende Erlebnisse in das aktuelle Wahrnehmen und Erleben eingewoben sind, kann mit der Geschichte des Partners nur mit Vorsicht und größtem Respekt umgehen. Vor allem wird dann eines klar: Jeder Deutungsversuch, jede Interpretation der Partnerbiografie wird nicht zur Klärung und besserem gegenseitigem Verstehen führen, sondern sich äußerst belastend auf die Beziehungsgestaltung auswirken.

Das Herumwühlen in der Psyche des Partners ist ziemlich geschlechtsspezifisch ausgeprägt. Frauen verfügen oft über eine große Begabung – und auch Anmaßung –, sich in andere einzufühlen. Es fällt ihnen oft leichter, bei anderen wahrzunehmen, ob sie etwas drückt oder kränkt, als bei sich selbst Störungen aufzudecken. Die Beschäftigung mit der Psyche des Partners gilt deshalb auch eher als typisch weibliche Unart. Frauen, die stets um die Psyche des Partners kurven, sich ausufernd damit beschäftigen, haben den Mittelpunkt ihres eigenen Lebens von sich auf den Partner verlagert. Sie sind bereits derart weit von sich selbst entfernt, dass sie den Zugang zu ihrer eigenen Identität weitgehend verloren haben und deshalb nur schwer ihre eigenen Wünsche und Bedürfnisse wahrnehmen können. Frauen, die sich an den Lebenskreislauf des Partners anschließen, definieren sich nur über ihn und sind sich selbst abhanden gekommen.

Gerade für solche Frauen ist es sehr hilfreich, wenn sie lernen, sich wieder auf sich selbst zu konzentrieren, und sich auf das eigene Ich zurückbesinnen. Statt ständig um den Partner und seine Psyche zu kreisen und ihn mit Fragen zu bombardieren, sollten sie sich selbst fragen: Wie geht es mir? Wie fühle ich mich? Was möchte ich? Was möchte ich nicht?

Mit diesen Fragen, die ihre eigene Befindlichkeit betreffen, gerät die Frau wieder in den Mittelpunkt ihres eigenen Lebens. Der Fokus wird vom Partner auf sie umgelenkt. Statt ständig nach Motiven und Hintergründen beim Partner zu forschen, ist es sehr viel lohnender, das eigene Verhalten zu hinterfragen und den ursächlichen Beweggründen nachzugehen.

In einer Konstellation, wie sie Karin und Rolf leben, bedeutet dies, dass Karin sich fragt, welche Gefühle bei ihr ausgelöst werden, wenn Rolf sich zurückzieht. Weitere für sie wichtige Fragen sind, ob ihr diese Gefühle bekannt vorkommen und ob entsprechende Erinnerungen an ihre eigenen Erfahrungen angesprochen und wieder belebt werden. So landet sie sehr schnell bei ihrer eigenen Geschichte. Und mit großer Wahrscheinlichkeit begegnet sie dann ihrer eigenen Angst vor einer Trennung, den mühsamen Absicherungsversuchen, dem ungeheuren Aufwand, den sie leistet, damit keine Angst aufsteigt. Wenn sie konsequent ihren Gefühlen folgt und lernt, sie zu verstehen und zu entschlüsseln, wird sie mit der Zeit sehr viel über sich, über ihre eigene sie bestimmende Lebensgeschichte erfahren. Sollte es für sie allein zu schwierig sein, mit all dem klarzukommen, kann sie sich einer psychologisch geleiteten Gruppe anschließen, die sich mit Persönlichkeitsproblemen auseinander setzt. Statt sich mit anderen Frauen über die Psyche des Partners und die Beziehungskonflikte in endlosen Diskussionen ohne jegliche Lösungsperspektive auszulassen, ist die Beschäftigung mit der eigenen Person sinnvoller und trifft vor allem den Kern der Sache: das eigene Selbst.

Denn wer mehr über sich und sein eigenes Leben weiß, kommt besser mit sich klar – und auch mit dem Partner oder der Partnerin.

Ruhestand

Hör endlich auf zu nörgeln

	Ja	Nein
– Wird sich eine Beziehung im Ruhestand verbessern, wenn der Berufsstress wegfällt?	○	○
– Sind Paare, die sich während eines jahrzehntelangen Zusammenlebens aneinander gewöhnt und nun das Rentenalter erreicht haben, seltener Beziehungskrisen ausgesetzt?	○	○
– Werden unliebsame Eigenschaften und Verhaltensweisen des Partners oder der Partnerin im Alter allmählich verschwinden, bis sie gar nicht mehr auftreten?	○	○

Wer einmal mit Ja geantwortet hat, ist dem „gesunden Menschenverstand" aufgesessen, der aber für Beziehungsschwierigkeiten in der Regel ein denkbar schlechter Berater ist. In diesem Fall kann er nun durchaus einmal hilfreich sein, denn bei einigen Paaren lösen sich durch das Älterwerden gelegentlich Probleme allein schon deshalb, weil sich die körperlichen Kräfte allmählich verringern. Das Alter bringt auch eine geruhsamere Gangart, ein besinnliches Innehalten mit sich, was sich in vielen Konfliktsituationen günstig auswirkt. Wenn zum Beispiel das Thema Fremdgehen immer wieder für Unruhe und Spannungen sorgte, so tritt meist auch dieses Bedürfnis nach sexueller Abwechslung – allein durch eine altersbedingte Einschränkung körperlicher Fähigkeiten – in den Hintergrund.

Bei vielen Paaren aber tritt auch jetzt eine Entspannungslage nicht ein. Die Beziehungsdynamik erhält gerade im Rentenalter nochmals einen belebenden Kick, und es kommt oft zu einer ausgeprägten Unruhe im Ruhestand. Das ist nicht verwunderlich, denn bei vielen Paaren muss das Zusammenleben erneut geregelt werden.

In der heutigen Zeit, in der die Lebenserwartung ständig steigt, hat sich der geruhsame Lebensabend schon längst in eine ausgiebige und nicht selten auch aufregende Soirée verwandelt. Bei manchen Menschen ist bereits die Zeitspanne, in der sie im aktiven Arbeitsprozess standen, kürzer als die Zeit danach. Die zunehmende Dauer der Altersphase hat zur Folge, dass das Alter nicht mehr als ein exakt definierter Lebensabschnitt empfunden wird. Die Abgrenzung verläuft fließend und verlangt nach einer individuellen Gestaltung.

So kann der Umgang mit dem Alter nicht länger in eine Randzone gedrängt werden. Es erscheint immer notwendiger, diesen Lebensabschnitt mit neuen Inhalten zu füllen, und es ist an der Zeit, dass sich grundsätzlich eine neue und differenzierte Kultur des Alterns zu entwickeln beginnt.

Die Zeit des Alterns ist auch für die Partnerschaft eine Herausforderung. Die Beziehung gerät nochmals auf den Prüfstand. Vielleicht geraten wir in eine Phase des Umbruchs, der

Neuplanung, und fühlen uns wie auf einer Baustelle: Denn was gestern durchaus noch Gültigkeit gehabt haben mag, muss heute nicht mehr stimmen. Die Probleme, die daraus entstehen können, sind vielfältig. Vor allem bei Paaren, die das klassische Rollenmodell mit den geschlechtsspezifisch zugeteilten Aufgaben und Funktionen als die selbstverständlichste Sache der Welt praktizierten, kommt es manchmal zu erdrutschartigen Erschütterungen.

Paul, ein fleißiger Abteilungsleiter in der Textilherstellung, hatte schon immer den Hang, andere zu korrigieren und an ihnen herum zu kritisieren. Seine Mitarbeiter hatten sich daran gewöhnt, die Familie indessen tat sich schwer damit. Seine langjährige Ehefrau Emmi, von ihrem Wesen her eine ausgesprochene Frohnatur, bemühte sich, seine ständigen Zurechtweisungen nicht persönlich zu nehmen. Die Wochenenden waren aber für die ganze Familie oft nicht einfach, besonders die Kinder litten unter den ständigen Kritteleien des Vaters. Irgendwie arrangierte man sich aber, so dass die Unstimmigkeiten nie zu einem offenen Streit führten. Emmi war zuversichtlich, sie setzte auf die Altersmilde, die sich ja auch irgendwann bei Paul einstellen würde.

Seit Paul aber in Rente ist, hat sich die Situation eher verschlimmert. Die Kinder sind erwachsen und aus dem Haus, kommen nur noch selten zu Besuch, und Pauls gesamte Mecker-Energie konzentriert sich nun auf Emmi. Er geht von morgens bis abends hinter ihr her, kommentiert ihre Handlungen, weist sie zurecht, nörgelt an allem herum, und nichts, was sie tut oder sagt, ist ihm recht. Obwohl Emmi versucht, sich ihre Heiterkeit zu bewahren, gefriert ihr das Lachen allmählich auf dem Gesicht.

Früher, als Paul noch arbeitete, hatte sie immerhin nach den anstrengenden Wochenenden den Alltag, wo sie alleine zu Hause war und wieder auftanken konnte. Heute fehlt ihr diese Oase, sie ist pausenlos den kritischen und oft sehr verletzenden Äußerungen Pauls ausgesetzt.

Irgendwann aber verging ihr das Lachen ganz und gar, ja zwischendurch liefen ihr sogar Tränen ohne konkreten äußeren Anlass über die Wangen – was ihr nochmals heftigen Tadel einbrachte. Mit den Medikamenten, die ihr vom Hausarzt verordnet wurden, geht es ihr etwas besser, und sie muss wenigstens nicht mehr plötzlich weinen. Aber ihr Leben ist ziemlich freudlos geworden. Eigentlich hatte sie sich ihren Lebensabend ganz anders vorgestellt.

Der Eintritt in den Ruhestand ist für viele ein tief einschneidendes Erlebnis. Für die einen heißt es, endlich mehr Zeit für all die Dinge, die stets zu kurz kamen, zu haben. Für andere aber bedeutet es: Die Zeit des Gebrauchtwerdens ist um. Wer nur für den Beruf lebte, wird ziemlich unsanft mit sich selbst konfrontiert. Wer sich ein Leben lang weigerte, Bekanntschaft mit sich selbst zu machen, wird nach dem Ausscheiden aus der Arbeitswelt (oder wenn die Kinder aus dem Haus sind), nicht mehr darum herumkommen, sich näher mit sich selbst zu befassen. Die Struktur des Tagesablaufs fällt weg, die Aufgaben und Herausforderungen sind nicht mehr da. Man ist sich selbst den ganzen langen Tag ausgesetzt, muss mit der eigenen Person fertig werden. Für manche ist die Begegnung mit sich selbst ein ziemlicher Schock und muss verarbeitet werden.

Zudem ist ein plötzliches Zusammenleben rund um die Uhr für die meisten Eheleute eine erhebliche Umstellung und stellt in vielen Fällen eine Überforderung dar. Konnten früher Unarten des Partners oder der Partnerin noch hingenommen werden, weil es immer wieder genügend Zeit gab, da der Partner aus dem Haus war, und es viel einfacher war, individuellen Interessen nachzugehen, fehlt nun eine Atempause. Auch neigen viele dazu, bei nervenden Eigenschaften und Verhaltensweisen des Partners oder der Partnerin davon auszugehen, dass sich diese durch das Älterwerden mit Sicherheit verlieren werden. Wenn sich diese Hoffnung nicht erfüllt, ist guter Rat teuer. Grundsätzlich aber kann festgestellt werden, dass die meisten Beziehungsprobleme, die im Laufe der Jahre nicht bereinigt und gelöst wurden, im Ruhestand nochmals so richtig in Fahrt kommen, und zwar nicht selten mit einer

Intensität und Heftigkeit, die eine Verdrängung unmöglich macht und eine umfassende Auseinandersetzung fordert.

So gibt es Eigenheiten, die sich im Alter verstärken, und es ist äußerst schwierig, ihnen beizukommen oder ihnen Einhalt zu gebieten, wie dies gerade bei chronischem Nörgeln und Meckern der Fall ist. Wenn sich nun mangels anderer Beschäftigung die ganze Aufmerksamkeit auf die Beurteilung des Partners oder der Partnerin stürzt, nimmt die Besserwisserei nicht ab, sondern zu. Hobbypädagogen und -pädagoginnen, die anderen stets am Zeug herumflicken und nicht müde werden, sich um die Belange anderer zu kümmern, finden immer ein Haar in der Suppe, finden immer etwas, was anders und besser zu machen wäre. Ist es im Laufe der Beziehung nicht gelungen, dieser Kritikbesessenheit den Wind aus den Segeln zu pusten, so wird es gerade im Alter zur überlebensnotwendigen Aufgabe, sich vor einer solch destruktiven Energie zu schützen. In einer Beziehung geht es nicht nur darum, dem Partner oder der Partnerin gegenüber toleranter zu werden, ihn oder sie mehr zu akzeptieren, sondern gleichermaßen dafür zu sorgen, dass die eigene innere Unversehrtheit gewährleistet ist und die eigene Würde erhalten bleibt.

Lieben will gelernt sein, sowohl den Partner oder die Partnerin als auch sich selbst. Lieben heißt also:

– nicht nur den Partner oder die Partnerin wertzuschätzen, sondern auch mit sich selbst einen wertschätzenden Umgang zu pflegen und auf sein Wohl zu achten;

– nicht nur die andere Person so zu lieben, wie sie ist, sondern auch sich selbst zu akzeptieren und liebevoll anzunehmen;

– nicht nur die vom Partner oder der Partnerin gesetzten Grenzen zu respektieren, sondern auch eigene Grenzen zu setzen;

– nicht nur die Autonomiebedürfnisse des Partners oder der Partnerin zu akzeptieren, sondern auf die eigenen Wünsche nach mehr Handlungsspielraum und Freiheit zu achten und sie umzusetzen.

Falls wir uns in jungen Jahren geweigert haben, uns diese wichtige Grundhaltung der Eigenverantwortung anzueignen, so kann gerade der Lebensabend nochmals eine große Chance sein, allfällige Mängel zu beheben.

Wenn nun ein Partner seiner Partnerin von morgens bis abends hinterherläuft, um alles zu kritisieren, sind jene Fähigkeiten erforderlich, die früher zu wenig zum Einsatz gekommen sind. Es sollten Grenzen gesetzt werden, und zwar eindeutige. Dies funktioniert allerdings nur dann, wenn wir bereit sind, uns konsequent durchzusetzen. Gebraucht werden jene Impulse, die in dem Begriff Aggression ihren Ausdruck finden. Leider ist bei vielen Frauen diese Form der Lebensenergie negativ besetzt. Aggression beinhaltet aber ein gezieltes Zuschreiten und hat mit einer zerstörerischen Kraft im Ursprung nichts zu tun.

Älterwerden ist keine passive Angelegenheit, die sich einfach vollzieht. In unserem Dasein werden wir bis zur letzten Minute herausgefordert, uns für die eigene Würde einzusetzen. Auch Beziehungskämpfe im fortgeschrittenen Alter sind eine gute Möglichkeit, sich genau in diesem Punkt der Selbstverteidigung zu üben.

In der Nörgel-Problematik empfiehlt sich deshalb folgende Strategie: entweder dem Partner das Gebiet ganz zu überlassen, über das er sich beschwert, oder dafür zu sorgen, dass er sich ohne Einschränkung raushält. Es gibt Männer, die jeden Handgriff der Partnerin nachbessern: Die Spülmaschine wird nach einem bestimmten Schema neu eingeräumt, die Tiefkühlprodukte werden umgeschichtet, sogar ihre Handtasche wird ausgemistet. Da hilft in der Regel nur ein Umdisponieren der Verantwortlichkeit. Beispiel: Wer mit dem Essen unzufrieden ist, soll selbst kochen (und auch spülen).

Wenn wir aber selbst nach jahrzehntelangem Küchendienst noch immer nicht genug davon haben, ist es Zeit, diese Zone ein für alle Mal zum eigenen Bereich zu erklären. Was heißt: Für den Partner gibt es keinen Zutritt in die Küche. Wenn er auch durch Gespräche nicht davon abzuhalten ist und zu den Menschen gehört, die erst lernen, wenn sie etwas am eigenen Leib erfahren, dann müssen wir zur letzten Maßnahme greifen. Wir übernehmen kurzerhand das Kommando über seine Bastelecke im Keller, räumen die vielen Geräte nach unserer Vorstellung um, ordnen den Kleinkram von Nägeln, Schrauben und Muttern in winzige Plastiksäcke ein. Der Lerneffekt ist in der Regel groß und tritt unverzüglich ein.

Für Frauen ist es besonders wichtig, spätestens jetzt die Opferrolle aufzugeben, da sonst der eigene Aktionsradius derart rasch schrumpft, dass er mit dem Alterungsprozess nicht Schritt halten kann. Es hat nun wirklich keinen Sinn, einem Nörgel-Partner zu drohen: „Wenn du nicht endlich zu kritisieren aufhörst, bekomme ich einen Herzinfarkt." Vor allem nützt diese wiederholte Warnung nichts. Schließlich liefern wir ja den lebendigen Beweis dafür, dass es sich nur um eine leere Drohung handelt.

Das Gleiche gilt natürlich auch für Männer, die mit einer ewigen Nörglerin zusammen sind. Wenn sie ihm jeden Tag auf der Seele liegt, weil der Anblick seines kleinen Seerosenteichs ein stetes Ärgernis ist, da nach ihrer Meinung zu viel Unkraut darin wuchert, dann sollte er ihr unverzüglich ein Paar Gummistiefel kaufen und ihr diesen Bereich überlassen. Friedliebende Männer, die gutmütig alles machen, was die Partnerin von ihnen verlangt, sind besonders gefährdet, mehr zu tun, als für sie gut ist. Nach außen geben sie vielleicht ein vertrotteltes Bild ab, werden von allen belächelt, weil sie sich ständig demütigen lassen. Ein entschiedenes Nein, eine klare Absage an die Bevormundung durch die Partnerin ist hier dringend angesagt.

Gerade mit Partnern oder Partnerinnen, die unzufrieden sind und ständig stänkern und herummäkeln, ist es notwendig, die Welten zu trennen und sich gegen die Meckerfritzen und Motztanten klar abzugrenzen. Auch in reiferen Jahren sollte auf offene, klärende Worte nicht verzichtet werden. Selbst ein Streit hat eine reinigende Wirkung, vorausgesetzt, wir achten darauf, keine generellen Angriffe auf den Charakter des Partners oder der Partnerin zu machen oder Vorwürfe anzubringen.

Vielleicht aber ist endlich die Zeit für lange Gespräche gekommen, in denen wir in aller Ruhe all die Dinge besprechen, die uns beschäftigen. Wenn wir das aber allein nicht hinbekommen, dann lohnt es sich auf jeden Fall, die Begleitung durch eine ehetherapeutisch geschulte Fachperson zu suchen. Die noch vor uns liegenden Jahre sollten wir nicht in Unzufriedenheit miteinander verbringen, sondern die Zeit nutzen, die uns als Paar bleibt.

Schweigen

 **Jetzt sag doch auch mal was!**

	Ja	Nein
– Fühlen Sie sich von Ihrem Partner oder Ihrer Partnerin oft unverstanden?	○	○
– Breitet sich in Ihrer Partnerschaft gelegentlich eine unüberwindbare Langeweile oder gar Leere aus?	○	○
– Beschleicht Sie manchmal das Gefühl der Einsamkeit, wenn Sie mit Ihrem Partner oder Ihrer Partnerin allein sind?	○	○

Wenn Sie auch nur ein einziges Mal mit Ja geantwortet haben, ist Ihr Gefühlsbarometer bereits auf dem besten Weg, unter die Nullgradgrenze zu sinken. Es ist eine Frage der Zeit, wie lange Sie in diesem unterkühlten Beziehungsklima noch durchhalten.

Wenn der sprachliche Austausch zwischen zwei Menschen verstummt, die in einer Liebesverbindung leben, ist die Beziehung in Gefahr.

Oft will einer von beiden zwar reden, aber der andere geht nicht darauf ein. In der Regel sind es eher die Frauen, die das Gespräch suchen, sich mitteilen wollen, während der Mann ein solches Unterfangen oftmals für unnötig hält und sich weigert mitzumachen.

Zu Beginn einer Beziehung, wenn ohnehin alles im wunderbaren Licht der Verliebtheit und in den schönsten Farben schillert, steht vielleicht noch nicht der sprachliche Austausch im Mittelpunkt. Man spaziert Hand in Hand in der Mondnacht, in glückseligem Einvernehmen, ohne ein Wort miteinander zu wechseln, man umarmt sich und spürt, was der andere fühlt, glühende und begehrliche Küsse gehen wortlos unter die Haut.

Doch irgendwann – oft früher als erwartet – schleichen sich die verliebten Gefühle davon, und wir landen im Alltag, da, wo sich aus der Verliebtheit Liebe entwickeln sollte. Zu diesem Zeitpunkt kommen wir allerdings ohne Sprache nicht mehr aus.

„Mein Mann ist ein hervorragender Redner. Er hält vor großem Publikum fachkundige Vorträge, aber wenn er nach Hause kommt und ich ihn frage, wie er sich fühlt, fällt ihm nichts ein", beklagt sich die 36-jährige Claudia bei ihrer Freundin in endlosen, sich immer wiederholenden Telefongesprächen. Früher sei es ihr nicht aufgefallen, und in der ersten Zeit des Verliebtseins habe sie ohnehin nicht darauf geachtet. Aber jetzt. Nach acht Jahren Ehe sei sie am Ende. Paul spreche nie von sich selbst. Sie habe eigentlich keine Ahnung, wie es ihm gehe. Sie wisse auch nicht, wie er sich in der Ehe fühle, nie äußere er sich darüber. Auch mache er ihr nie Komplimente oder sage ihr, ob er sie noch liebe.

Claudia und Paul haben eine siebenjährige geistig behinderte Tochter, Mara. Zwar haben die Eltern noch nie lange Kamingespräche miteinander führen können, aber es gab anfänglich zumindest einen rudimentären verbalen Austausch zwischen ihnen. Nach der Geburt des Kindes erlebten sie sogar eine Zeit, in der sie viel miteinander sprachen und sich einander sehr verbunden fühlten. Die Behinderung ihrer Tochter gab oft Anlass, über die Sorge um das Kind zu sprechen und den Kummer zu teilen.

Seit aber Mara in einem Heim lebt und nur noch in den Ferien nach Hause kommt, ist der Gesprächsfaden beinahe abgerissen. Paul engagiert sich in seiner Freizeit mit zunehmendem Erfolg für politische Belange und macht auch beruflich Karriere. Claudia erledigt zu Hause Büroarbeiten für eine Elektrofirma. Sie hat den ganzen Tag über wenig Austausch mit anderen Menschen. Noch immer freut sie sich auf den Abend und hofft, sich mit Paul über all das zu unterhalten, was sie beschäftigt. Sobald er aber heimgekommen ist, stellt er den Fernseher an und empfindet jede Äußerung von Claudia nur noch als Störung.

Claudia fühlt sich oft einsam. „Eigentlich kann ich ganz gut allein sein. Das Gefühl aber, das ich erlebe, wenn ich mit Paul im selben Zimmer bin, ohne dass wir miteinander sprechen, ist kaum auszuhalten. Ich spüre eine totale Vereinsamung, die unsagbar schmerzt."

Claudia und Paul sind kein Einzelfall. Auch nicht in ihrer Problematik, dass der weibliche Part unter Sprachlosigkeit zu leiden hat. Statistisch gesehen verspüren Männer deutlich weniger Neigung, ihren seelischen Regungen sprachlich Ausdruck zu verleihen. Frauen dagegen wünschen sich lange, vertrauliche Gespräche, in denen man über alles sprechen kann, was einem auf der Seele liegt. Frauen wollen verstanden werden und möchten auch alles, was den Partner beschäftigt, verstehen.

Die Unfähigkeit vieler Männer, über seelische Ereignisse und Gefühle zu sprechen, ist unter anderem auch sozialisationsbedingt. Wie Untersuchungen belegen, erhalten Jungen mehr Aufmerksamkeit und Fürsorge als Mädchen, was sich bereits sehr früh in der Sprachentwicklung niederschlägt. Ein kleines Mädchen verfügt über einen größeren Wortschatz als ein gleichaltriger Junge. In den meisten Fällen sind Jungen gefühlsmäßig aufs Innigste mit ihrer gegengeschlechtlichen Bezugsperson, der Mutter, verbunden. Sie müssen keinerlei Anstrengung unternehmen, ihre Bedürfnisse, Wünsche und Befindlichkeit in Worte zu fassen. Es genügen Lall- oder andere urtümliche Grunzlaute, damit die Mutter weiß, was ihr Sohn will. Leider verharren viele Männer auch noch im Erwachsenenalter auf dem emotionalen Sprachniveau eines Vierjährigen – in der Gewissheit, dass die Partnerin, wie einst die Mutter, ihre Lautfetzen als Mitteilung entsprechend verständnisvoll entschlüsselt und versteht.

Für Mädchen hingegen, die allein durch ihr biologisches Geschlecht im Wettbewerb um Aufmerksamkeit im Hintertreffen liegen, ist die Sprache eine der wenigen Möglichkeiten, ihre Anliegen zum Ausdruck zu bringen. Deshalb verfügen bereits kleine Mädchen über einen beachtlichen Wortschatz, mit denen sie ihre emotionale Befindlichkeit und ihre Gefühle formulieren können.

Den meisten Frauen bleibt diese Fähigkeit auch im Erwachsenenalter erhalten, und sie können das, was sie in ihrem Innern erleben, sehr gut in Worte fassen und darüber mit anderen kommunizieren, während der Mann eher dazu neigt, seine Gefühle in einem sprachlosen, unformulierten und dadurch auch unbewussten Zustand zu belassen.

In einer Partnerschaft ist aber Sprachlosigkeit langfristig der sichere Untergang. Denn wenn der eine von beiden auf Austausch bedacht ist und die gedankliche Leere zwangsläufig als Tortur empfinden muss, bleibt am Ende nur die Kapitualtion. Wenn wir nicht miteinander sprechen, uns mitteilen, wie es uns geht, wie wir uns fühlen, was wir uns wünschen, wenn wir keine Ahnung von den Freuden und Ängsten des anderen haben – dann werden wir uns fremd. Alleinsein ist für viele Menschen nicht einfach zu ertragen. Wenn aber zwei Menschen nebeneinander vereinsamen, ist das weitaus furchtbarer. Wenn wir nichts voneinander wissen, sind wir auf Fantasien angewiesen, auf Projektionen und Interpretationen und können unsere Wahrnehmung nie überprüfen und eventuelle Korrekturen anbringen. Mit der Zeit entwickeln wir ein Feindbild vom anderen und deuten alle seine Verhaltensweisen in eine feindselige Richtung. Das kann die banalsten Alltagsdinge betreffen, die sich unter einem solchen Gesichtspunkt in schwere Angriffe verwandeln. Im Laufe der Zeit fühlen sich beide Partner wie in einer kriegerischen Auseinandersetzung. Nicht selten muss einer der beiden ernsthaft krank werden, um so auf die unerträgliche Situation des Zusammenlebens aufmerksam zu machen, die kaum mehr auszuhalten ist.

Der Wunsch nach einem sprachlichen Austausch ist nicht etwa eine exaltierte, weibliche Marotte, sondern ein menschliches Grundbedürfnis. Die Worte aus dem Johannes-Evangelium klingen wie eine moderne Anleitung für das Gelingen einer Partnerschaft: „Im Anfang war das Wort. Alle Dinge sind durch dasselbe geworden, und ohne das Wort ist nicht eines geworden, das geworden ist." Der Nährstoff für die Liebe ist das Wort. Das Pflegemittel für die Partnerschaft ist das Gespräch. Wem Worte fehlen, sollte nach ihnen suchen, bevor sich die Liebe aus dem Staub gemacht hat.

Wer sich hinter majestätischem Schweigen verschanzt, muss erkennen, dass es sich in keiner Weise um Stärke, sondern um eine Schwäche handelt. Die Sprache nicht einzusetzen, welche die Kommunikation zu anderen Menschen herstellt und letztlich auch den Zugang zum eigenen Wesen erschließt, ist ein ausgesprochener Mangel und nicht etwa als ein Zeichen besonderer Intelligenz, Kompetenz oder der Fähigkeit, über allem zu stehen, zu werten.

Was aber ist zu tun, vor allem dann, wenn der Partner vorgibt, er könne nicht reden, er habe das nicht gelernt? Da es sich keinesfalls um einen willentlichen Entschluss des Partners handelt, Gespräche in der Beziehung zu vermeiden oder zu verweigern, sondern um ein Unvermögen, ist es gut, wenn Frauen versuchen, entsprechend damit umzugehen. Das heißt, tägliche Aufforderungen wie: „Jetzt red doch endlich!" oder Anschuldigungen in der Art: „Du bist schuld, wenn es mir schlecht geht, weil du nicht bereit bist zu reden!" sollten möglichst sofort eingestellt werden. Ein Angriff bewirkt ein einziges Verteidigen und erzeugt kein Klima, in dem jemand über sein Verhalten reflektieren kann und sich für Neues öffnet. Es ist sehr viel förderlicher, in einem ernsthaften Gespräch darauf hinzuweisen, wie wir uns in der Sprachlosigkeit einer Ehe fühlen. Nur so schaffen wir eine gemeinsame

Grundlage, auf der dieser Zustand geändert werden kann. Ein solches Gespräch könnte so beginnen: „Ich fühle mich oft sehr allein mit dir. Das macht mich sehr traurig. Ich möchte dir von mir erzählen, möchte wissen, wie es dir geht, in der Arbeit, ich möchte teilnehmen an allem, was dich beschäftigt, dir Sorgen bereitet oder aber dich erfreut." Wenn wir aber dem Partner täglich mit solchen Sätzen in den Ohren liegen, verlieren sie ihre Bedeutung. Der Partner verschließt sich mehr und mehr, und irgendwann erlebt er diese Sentenzen als derart lästig, dass er es nicht mehr hören will. Eine einmalige Aussprache genügt. Dazu gehört selbstverständlich auch eine Idee, wie das Bedürfnis nach Gesprächen umgesetzt werden könnte.

Es gibt Dinge, die wir auch als Erwachsene noch lernen müssen. Dem Partner seelischen Analphabetismus vorzuwerfen, ist wenig hilfreich. Besser ist, wir machen konkrete Vorschläge, wann und wo wir uns zu Gesprächen zusammenfinden. Wöchentlich eine Stunde genügt. Es könnte eine nahezu festliche Stunde werden, ohne Störungen und Ablenkungen. Mit minimalen Spielregeln: Eine Person redet, die andere hört zu, dann wechseln die Rollen. Keine Vorwürfe, keine „Ratschläge", keine Ermahnungen oder Belehrungen. Nur ganz Ohr sein. Und damit dem anderen ganz nah. Um endlich mehr voneinander zu erfahren, über das, was wir fühlen, was wir denken, ob wir glücklich sind oder traurig.

Und wenn wir dann im Gespräch eine Verbundenheit wahrnehmen und plötzlich ein flüchtiges Flattern im Bauch verspüren, dann wissen wir, dass sich jene bereits eingeschlafenen Gefühle wieder zu regen beginnen, die einst unsere Liebe nährten.

Übrigens: Männer, grämt euch nicht über hohe Telefonrechnungen, die nur deshalb verursacht wurden, weil die Partnerin stundenlang mit ihrer Freundin über ihre Probleme sprach. Vielleicht ist es gerade der Freundin zu verdanken, die ihr am liebsten auf den Mond geschickt hättet, dass die Beziehung noch existiert. Viele Partnerschaften würden viel früher scheitern, wenn es nicht irgendwo einen Menschen gäbe, der ein offenes Ohr hat und sich der nach sprachlichem Austausch Dürstenden annimmt und die Beziehung dadurch über Wasser hält. Deshalb kann es das Verdienst dieser besten Freundin der Partnerin sein, dass die Partnerschaft trotz schwerer sprachlicher Unterkühlung keinen bleibenden Schaden genommen hat. Wie wäre es mit einem Blumenstrauß als Dankeschön?

Schwiegereltern

Deine Eltern sind einfach unmöglich

	Ja	Nein

Wer mit seinen Schwiegereltern nicht gut auskommt,

. . . sollte ihre Verhaltensweisen möglichst genau unter die Lupe nehmen, um die Störungen zu analysieren.

○ ○

. . . sollte dem Partner oder der Partnerin die Augen öffnen, damit auch er oder sie begreift, wie schwierig die Eltern sind.

○ ○

. . . sollte den Partner oder die Partnerin unbedingt davon überzeugen, dass mit diesen Eltern nicht gut auszukommen ist.

○ ○

Wer einmal mit Ja geantwortet hat, muss sich nicht wundern, wenn sich der Partner oder die Partnerin angegriffen fühlt, gekränkt reagiert und es immer wieder zu Unstimmungkeiten oder gar zu Streit kommt. Auch sollten Sie nicht überrascht sein, wenn Ihre Kritik an den Schwiegereltern selbst dann nicht auf Zustimmung stößt, wenn es sich um haargenau jene Eigenschaften und Verhaltensweisen handelt, die dem anderen ebenfalls größte Probleme und Schwierigkeiten verursachen. Vielleicht fühlen Sie sich vor den Kopf gestoßen und erleben das Verhalten des Partners als Verrat oder gar als Zeichen mangelnder Liebe. Beides ist falsch.

Wie auch immer die Eltern psychisch gestrickt sein mögen: Niemand lässt sich gerne seine Eltern und damit seine eigene Herkunft mies machen. Wenn jemand etwas Kritisches über die Eltern sagen darf, dann sind das höchstens die eigenen Kinder. Eine Heirat berechtigt unter keinen Umständen dazu, dass sich Eingeheiratete so aufführen, als ob sie ihre ganze Kindheit in dieser Familie verbracht hätten. Die Schwiegerfamilie gewährt im besten Fall Gastrecht. Nicht mehr – aber auch nicht weniger.

Wie jedes Jahr wollen Astrid und Hannes mit der Familie den Urlaub im idyllisch gelegenen Ferienhaus direkt am Meer verbringen. Es ist für alle eine Oase, wo sie auftanken, sich vom Alltag erholen und vieles gemeinsam unternehmen. Diese Wochen bedeuten sehr viel, und alle freuen sich schon lange im Voraus darauf.

Diesmal will nun Hannes unbedingt seine Eltern mitnehmen. Schließlich seien sie schon alt, man wisse nicht, wie lange sie noch leben, die Enkelkinder bekämen sie auch nicht allzu oft zu Gesicht, und auch die Beziehung zwischen Schwiegereltern und Schwiegertochter ließe einiges zu wünschen übrig und könnte durch ein intensives Zusammensein verbessert werden.

Astrid ist von diesem Vorhaben schockiert. Sie versucht immer wieder, mit Hannes darüber zu sprechen und ihm die Unmöglichkeit seines Planes näher zu bringen. Er aber bleibt bei seinem Entschluss, zumal er die Eltern bereits eingeladen hat und sie nun schon dabei sind, Vorbereitungen zu treffen.

Als Astrid begreift, dass es kein Zurück mehr gibt, zieht sie in Erwägung, die Ferien ganz abzublasen. Hannes ist äußerst empört, und auch die Kinder protestieren heftig.

Astrids Verhältnis zu den Schwiegereltern war noch nie herzlich. Obwohl sich alle bemühen, freundlich miteinander umzugehen, sind die Begegnungen von einem frostigen Unterton begleitet. Der Alltagsstress sorgt dafür, dass die Kontakte spärlich ausfallen. So kommt es nie zu offenen Äußerungen gegen die Schwiegereltern. Unter dem Druck des drohenden gemeinsamen Zwangsurlaubs will es Astrid aber nicht mehr gelingen, ihre Abneigung zurückzuhalten. Und so platzt sie denn damit heraus: „Urlaub mit deinen Eltern? Nur über meine Leiche! Deine Mutter ist schlimmer als ein Drachen. Sie kommandiert alle herum! Nicht nur dich behandelt sie wie ein kleines Kind, sondern auch mich bevormundet sie und weiß alles besser. Und dein Vater ist ein richtiger Waschlappen, der sich einfach alles gefallen lässt!" Hannes ist zutiefst verletzt. Er zieht sich zurück und verweigert jedes Gespräch. Es kommt zu einer ernsthaften Krise.

Mit den Eltern des Partners oder der Partnerin gut auszukommen, gehört in den meisten Fällen zu einer zusätzlich zu leistenden Beziehungsarbeit. Zweifellos gibt es Konstellationen zwischen Schwiegereltern und Schwiegersöhnen oder -töchtern, die von Sympathie und gegenseitiger Zuneigung zeugen. Da stimmt die Chemie auf Anhieb. Man freut sich übereinander, möchte oft zusammen sein und erlebt jeden Kontakt als großen Gewinn.

Das ist nicht immer so. Oft sind bereits vor der ersten Begegnung Gefühle der Abneigung mit im Spiel, nicht selten Eifersucht, welche die zukünftige Beziehungskonstellation belastet. Wenn sich diese negative Haltung durch ein besseres Kennenlernen nicht abbauen oder gar ganz auflösen lässt, wird es kaum zu vermeiden sein, dass die Partnerbeziehung in Mitleidenschaft gezogen wird. Der Versuch, auf Abstand zu bleiben, Besuche auf einem absoluten Minimum zu halten, kann den latent vorhandenen Mangel an Sympathie eventuell kaschieren. Dennoch bleibt die Beziehung zwischen Schwiegereltern und Schwiegerkindern eine schwierige Gratwanderung zwischen einer nach außen gelebten Höflichkeit und den wahren Gefühlen.

Wer Probleme mit den Schwiegereltern hat, sollte die wichtigsten Spielregeln kennen und sich bemühen, diese einzuhalten, um eine ungünstige Auswirkung auf die Partnerschaft möglichst zu vermeiden. Da ist einmal zu beachten, dass unter keinen Umständen Kritik an den Schwiegereltern geübt wird. Wer die Mutter des Partners als Drachen bezeichnet, den Vater Waschlappen nennt oder mit anderen entwertenden

Bezeichnungen versieht, hat einen Kränkungs-Volltreffer gelandet. Auch wenn diese Betitelung mit hundert Beispielen illustriert und dadurch gerechtfertigt werden könnte und der eigene Sohn oder die eigene Tochter bereits selbst solche Urteile ausgesprochen hat, eine derartige Attacke gegen die Schwiegereltern wird schwerwiegende Folgen nach sich ziehen. Es sind letztlich Frontalangriffe auf das Selbstwertgefühl des Partners, der Partnerin. Wie auch immer sich die Eltern des Partners oder der Partnerin verhalten: Sie sind schließlich jene Menschen, mit denen in der Kindheit die erste Liebesbeziehung erlebt wurde. Selbst wenn Erwachsene ihre eigenen Eltern durchaus kritisch sehen und die eine oder andere Unart feststellen, so werden ihre Fehler aus einer völlig anderen Perspektive wahrgenommen. Irgendwie schwingt auch später noch die alte Liebe in die Gegenwart mit hinein und verhindert einen allzu kritischen Blick. Dies kann selbst dann zutreffen, wenn die Beziehung zu den eigenen Eltern äußerst problematisch ist und es immer wieder zu Auseinandersetzungen und Streitereien kommt.

Wenn nun aber von außen das Elternhaus einer negativen Beurteilung unterzogen und entwertet wird, dann stellen sich Söhne und Töchter oft schützend vor die Eltern. Mehr noch. Sie fühlen sich sogar persönlich attackiert. Die Kritik ist nicht einfach ein Angriff auf die Eltern, der nichts mit ihnen zu tun hat, sondern sie wird als Besudelung der eigenen Herkunft und somit der Identität erlebt. Auch wenn wir erwachsen sind, schlummert immer noch das Kind in uns, das sich einst mit den Eltern liebend verbunden fühlte. Und wer diese Kinderliebe verletzt, fügt damit der erwachsenen Person eine tiefe Kränkung ihres Selbstwertgefühls zu.

Aber auch für die Position des Sohnes oder der Tochter gibt es Regeln zu beachten. Wer spürt, dass der Partner oder die Partnerin nicht mit offenem Herzen auf die Schwiegereltern zugehen kann, sollte etwas Zurückhaltung üben und unter allen Umständen davon absehen, Begegnungen zu erzwingen. Ein gemeinsamer Urlaub wäre für alle Beteiligten – auch für die Kinder!- ein kaum auszuhaltender Stress. Schließlich sitzt man da ja rund um die Uhr mit Menschen zusammen, ohne ausreichende Möglichkeiten des Rückzugs und der Abgrenzung.

Es ist nicht einfach, sich darauf einstellen zu müssen, dass mein Partner oder meine Partnerin ausgerechnet mit meinen eigenen Eltern Mühe hat. Auch ist es durchaus verständlich, dass bei vielen der Wunsch da ist, die eigenen Eltern möglichst intensiv in den neu gegründeten Familienverbund integrieren zu wollen oder sogar die Ferientage mit ihnen zu verbringen. Besonders wenn Kinder da sind, wird auch die eigene Kindheit nochmals wachgerufen, und wenn die Erinnerungen daran angenehm sind, möchte man sich vielleicht einfach nochmals in diese Zeit zurückversetzen lassen. Oder aber es existiert den Eltern gegenüber ein schlechtes Gewissen, weil man sich bislang zu wenig um sie gekümmert hat und dies mit einem wochenlangen gemeinsamen Urlaub wieder gutmachen möchte. Was auch immer die Hintergründe sind: Werden Ehepartner oder -partnerinnen unter Druck gesetzt und zu Beziehungen gezwungen, werden mit großer Wahrscheinlichkeit Abneigung und Abwehr verstärkt. Gerade dann, wenn zunächst keine sichtbaren Anzeichen von Zuneigung zwischen Schwiegereltern und Schwiegersöhnen oder -töchtern vorhanden sind, sollte genügend Freiraum geschaffen werden, damit sich eine Beziehung entwickeln kann, die den individuellen Möglichkeiten entspricht, ohne jegliche Erwartung auf große Sympathiekundgebungen.

Es besteht keine Notwendigkeit, Schwiegereltern wie die eigenen Eltern lieben zu müssen, aber es wäre hilfreich, wenn wir in uns einen Boden vorbereiten würden, auf dem sich ein grundsätzliches Wohlwollen für die Eltern der Lebensgefährten und -gefährtinnen entwickeln kann. Dies ist nur dann möglich, wenn wir sämtliche detektivischen Fahndungsaktionen nach Erziehungsschwachstellen und -fehlern einstellen, um auftauchende Beziehungsschwierigkeiten darauf zurückzuführen. Vergessen wir nicht: Auch die Schwiegereltern haben – wie übrigens die meisten Eltern – versucht, in der Erziehung ihrer Söhne und Töchter das ihnen Bestmögliche zu tun. Jede Beurteilung von Drittpersonen ist nicht nur anmaßend, sondern liegt schlicht außerhalb des Kompetenzbereichs von Schwiegersöhnen und -töchtern.

Diese Haltung gilt selbstverständlich auch für Schwiegereltern. Wer mit der Partnerwahl seines Kindes nicht zufrieden ist, hat eine wichtige Lektion noch nicht gelernt, die aber alle Eltern entweder freiwillig oder unfreiwillig zu lernen haben: loslassen und die Kinder freigeben können. Söhne und Töchter sind zu einem bestimmten Zeitpunkt erwachsene Menschen. Sie sind von den Eltern unabhängige, selbst bestimmende Männer und Frauen, die über ihr Leben und ihre Lebensgestaltung allein entscheiden. Jede elterliche Einmischung in die Partner- oder Partnerinnenwahl ist nicht nur ein Ausdruck mangelnder Toleranz, sondern auch einer nicht stattgefundenen Freigabe der Kinder an das Leben, und es wird höchste Zeit, dass diese Gesetzmäßigkeit akzeptiert wird. Auch hier gilt es, sich in Respekt vor einem anderen, vielleicht fremd anmutenden Menschen zu üben und sich jeder kritischen und beurteilenden Begutachtung zu enthalten. Sehr viel förderlicher ist es, in sich Interesse für diesen neuen Menschen zu wecken, der in die Familie kommt und schließlich für den Sohn oder die Tochter die wichtigste Person im erwachsenen Leben sein wird. Vor allem aber sollten sich Schwiegereltern davor hüten, dem Sohn oder der Tochter die Augen für den in ihren Augen stattgefundenen Fehlgriff öffnen zu wollen. Letztlich ist das Leben selbst die beste Lehrmeisterin, falls es zu Korrekturen kommen muss. Dann wird sich alles auch ohne elterlichen Späterziehungseifer regeln.

Und noch eines: Sollte es zwischen den Partnern zu Auseinandersetzungen kommen, ist dem Paar vor allem damit zu helfen, eine Stellung- und Parteinahme zu vermeiden. Das heißt also, die gute Gelegenheit nicht gleich beim Schopf zu packen und Öl ins Feuer zu gießen: „Ich hab doch gleich gedacht, diese Person ist nichts für dich!"

Paare, die in Schwierigkeiten geraten, benötigen vor allem Menschen, die weder Ratschläge erteilen noch die Probleme bagatellisieren, die weder belehren noch verurteilen, sondern einfach zuhören. In vielen Konflikten zeigen sich durch das Aussprechen neue Perspektiven, die zu einer Lösung beitragen.

Die Beziehung zwischen Schwiegereltern und Schwiegersöhnen und -töchtern erweitert in sinnvoller Weise das Übungsfeld jener Qualitäten, die auch für das Gelingen einer Partnerschaft unabdingbar sind: die Entwicklung von Respekt und Achtung.

So könnte man auch sagen, dass eine schwierige Beziehung zu den Schwiegereltern eine zusätzliche Chance bedeutet, sich mit jenen Eigenschaften und Verhaltensweisen anzufreunden und sie zu trainieren, die in der eigenen Partnerschaft von unschätzbarem Wert sind.

Seitensprung

 **So etwas würde mir nie passieren**

	Ja	Nein
– Würden Sie die Hand dafür ins Feuer legen, dass Sie gegen alle Versuchungen, Ihrem Partner oder Ihrer Partnerin untreu zu werden, gefeit sind?	○	○
– Ist für Sie Treue in einer Beziehung ein absolutes Muss?	○	○
– Sind Sie davon überzeugt, dass Treue in der Beziehung eine Frage des Willens und der Disziplin ist?	○	○

Falls Sie einmal mit Ja geantwortet haben:

Es könnte für Sie noch zu unangenehmen Überraschungen kommen, vor allem dann, wenn Sie über Ihr eigenes Weltbild stolpern.

Sie haben ein klar umrissenes Selbstbild und gehen davon aus, über sich selbst Bescheid zu wissen. Sie neigen dazu, alles mit dem Verstand zu regeln, während Sie den Gefühlsbereich ausblenden. Sie halten grundsätzlich nicht viel von psychologischen Theorien, die das Unbewusste als die maßgeblich treibende Kraft menschlichen Verhaltens anerkennen.

Falls Sie aber dreimal mit Nein geantwortet haben:

Sie werden wohl auch für unvorhergesehene Ereignisse in Ihrer Partnerschaft eine konstruktive Lösung finden.

Christine ist eine Frau mit festen Prinzipien. Unumstößlich ist sie davon überzeugt, eine harmonische Ehe zu führen, sei Sache des guten Willens. Fred denkt genauso, und das Paar unterhält sich oft über die zum Teil erschreckenden Verhältnisse, in denen andere Paare leben. Sie sind der Meinung, dass die verantwortungslose Art, wie mit Treue in der Partnerschaft umgegangen wird, zu einer Verwahrlosung der Beziehungen und einem Wertezerfall führen. So etwas könnte ihnen nie passieren, darüber sind sie sich einig. Für beide ist gegenseitige Treue die wichtigste Grundlage einer Gemeinschaft.

Nun hat sich aber etwas ereignet, das ihre Lebensphilosophie total auf den Kopf stellt. Christine ist mit den beiden Kindern, 10 und 13, bereits eine Woche früher als Fred in die Ferien nach Malta gereist. Die Buben besuchen einen Tauchkurs und verbringen den ganzen Tag in der Gruppe. Endlich hat sie viel Zeit zum Lesen und Nichtstun. Und dann, am helllichten Tag, geschieht das Unvorstellbare – unspektakulär, beinahe zufällig, als die natürlichste Sache der Welt: Christine sonnt sich auf ihrem kleinen Balkon, ein Hotelangestellter repariert in ihrem Zimmer derweil den großen über ihrem Bett hängenden Ventilator, und ganz nebenbei macht er ihr die schönsten Komplimente, die sie schon lange nicht mehr gehört hat. Dann stülpt sich ein Klischee über das andere: der würzige Geruch spätsommerlicher Erde, der sie betäubt, das Wiegen der Palmen im Wind, das sie umsäuselt, und das von der Klippe her rauschende Meer, das sie entspannt und eine äußerst beruhigende Wirkung auf sie ausübt und ihr zudem das sichere Gefühl gibt, dass ihre Buben während der nächsten Stunden unter dem Meeresspiegel beschäftigt sein werden.

Es kommt, wie es kommen muss: Der geschickte Hotelangestellte zieht sie ins Zimmer, öffnet ihr Bikinioberteil, und der Rest ergibt sich beinahe unbeabsichtigt, wie selbstverständlich. Ein spielerisch verträumtes Entdecken längst vergessener Wonnen, kaum von dieser Welt, exotisch, fremd und neu, erfüllt von jetzt an Christines Dasein. Es bleiben noch vier Tage bis zu Freds Ankunft. Bis dahin kommt der Liebhaber jeden Vormittag, von Mal zu Mal leidenschaftlicher und immer unersättlicher werdend.

Als Fred schließlich anreist, pendelt sie zwischen Selbstvorwürfen und strategischen Überlegungen hin und her, wie sie es einfädeln könnte, trotz allem die Schäferstündchen fortzusetzen. Sie trudelt in ein Gefühlschaos, und das Furchtbare daran ist, dass sie sich selbst nicht mehr verstehen kann. Wie ist es möglich, dass sie ihre Ideale, ihre Weltanschauung so einfach über den Haufen wirft? Wäre es nicht ihre Pflicht, einen klaren Schlussstrich zu ziehen und sich sämtliche Gedanken an die Affäre zu verbieten? Zwar versucht sie es, aber es will ihr nicht recht gelingen.

Viele haben eine bestimmte Vorstellung davon, wie die Welt zu sein hat, wie sich Menschen zu verhalten haben und welche Spielregeln in zwischenmenschlichen Beziehungen einzuhalten sind. Je starrer und enger der Rahmen gesteckt ist, um so schwieriger wird es, sich darin zu bewegen, und um so größer ist die Chance, irgendwann an die eigenen Grenzen zu stoßen und gar in Kollision zu geraten.

Obwohl wir in einer sexuell sehr freizügigen Gesellschaft leben, wählen dennoch viele für ihre Partnerschaft ein Beziehungsmodell, das auf unbedingter gegenseitiger Treue beruht und für das Gelingen einer Partnerschaft absolute Voraussetzung ist.

Ohne diese Vorstellung von Treue können sich die meisten gar nicht auf einen anderen Menschen einlassen, fühlen sie sich doch nur in der garantierten Kontinuität sicher und aufgehoben. Dies macht deutlich, wie sehr Werte wie Sicherheit, Geborgenheit, Zugehörigkeit und Solidarität auf ewige Dauer spekulieren.

Nun zeigt aber die Realität ein ganz anderes Bild. Laut neuesten Statistiken gehen weit mehr als zwei Drittel der Männer und Frauen, die in einer Beziehung leben, irgendwann fremd. Es ist anzunehmen, dass die Dunkelziffer noch um einiges höher liegt, schließlich wird auf keinem anderen Gebiet so viel geschummelt und verschwiegen, wie wenn es ums Fremdgehen geht. Die Verdrängung spielt da oft meisterhaft mit und hilft, sich den eigenen Seitensprung nicht einmal einzugestehen. Es gibt immer wieder Menschen, die auf die Frage, ob sie treu seien, antworten: „Im Prinzip ja." Was soviel heißt wie: „In der Regel versuche ich mich daran zu halten. Wenn sich mir aber eine günstige Gelegenheit bietet, dann liegt auch mal ein Abstecher in ein fremdes Bett drin."

Fremdgehen ist nicht – wie immer wieder angenommen wird – vor allem ein Phänomen unserer Zeit. Zu allen Zeiten sind Menschen fremdgegangen, fremdgesprungen, fremdgeschlichen. Zu Großmutters und Urgroßmutters Zeiten holten sich vor allem die Herren, was sie nicht lassen konnten, heimlich, halboffiziell oder hochoffiziell. Während die damals zur Abhängigkeit erzogenen Ehefrauen auf die Zähne bissen und sich durch eine eher knochentrockene eheliche Sinnlichkeit rackerten, dachte der Mann nicht im Traum daran, seine sexuellen Bedürfnisse einzuschränken. Dass ein solches Gebaren nur in einem patriarchalen System funktionieren konnte, sei nur am Rande vermerkt.

Im Zuge der Emanzipation hat sich diese einseitig praktizierte Triebbefriedigung verändert. Wenn auch in vielen Bereichen die Gleichberechtigung noch lange nicht erreicht ist und lediglich in der Theorie eine Rolle spielt, so stehen nun Frauen, was das Fremdgehen betrifft, den Männern nicht nach und sorgen wenigstens in dieser Angelegenheit dafür, dass das theoretische Konzept von gleichen Rechten für Mann und Frau in die Praxis umgesetzt wird.

Das Problem liegt nicht im Fremdgehen, sondern im Umgang damit. Wer die Ansicht vertritt, ihm oder ihr geschähe so etwas nie, wagt sich aufs Glatteis. Und wer überall erzählt, wie gut, einmalig und überaus harmonisch die eigene Beziehung sei, gleicht wohl eher einem Kind, das sich in der Dunkelheit fürchtet und deshalb laut singt.

Am besten wird es sein, ein möglichst realistisches Verhältnis auch zu unangenehmen oder gar zu gefürchteten Themen anzustreben, um die Wirklichkeit nicht aus den Augen zu verlieren. Wir haben uns längst daran gewöhnt, dass die enorme Annehmlichkeit, mit einem Auto mobil zu sein, zugleich ein Risiko in sich birgt. Wenn wir uns auf der Straße fortbewegen, wissen wir, dass wir uns auch bei durchaus vorsichtigem und verantwortungsvollem Fahren – trotz der genauen Einhaltung sämtlicher Verkehrsregeln – einem kühnen Risiko aussetzen, von einem anderen Kraftfahrzeug in einen Unfall verwickelt zu werden.

Fremdgehen sollte nicht als Totalschaden in der Beziehung verstanden werden. Die Folgen eines Seitensprungs sind mit einer kleineren oder größeren Delle in der Karosserie vergleichbar. Sie kann wieder repariert und ausgebügelt werden. Ein Blechschaden ist keine Katastrophe und ein Seitensprung noch lange kein Grund zur Trennung. Statt in Wut zu geraten oder in Depressionen zu versinken, könnten wir auch erleichtert aufatmen und sagen: „Gott sei dank! Wir sind noch einmal mit heiler Haut davongekommen."

Es gibt viele Gründe für das Fremdgehen. Die einen sind hormonell, die anderen psychisch bedingt. Die Erforschung der Einwirkung verschiedener Hormone auf das Verhalten, auf Stimmungen, Verhaltensweisen und Begehrlichkeiten hat gezeigt, dass sich der Hormonspiegel eines Menschen von dem eines anderen deutlich unterscheiden kann. Das männliche Sexhormon Testosteron ist also nicht bei allen im selben Ausmaß vorhanden, und somit ist das Bedürfnis nach Ausübung sexueller Aktivitäten entsprechend verschieden. Der hormonell bedingte sexuelle Heißhunger lässt sich für viele nicht ausschließlich in der Partnerschaft stillen. Für diese liegt das Fremdgehen auf der Hand. Wenn es dann als Folge davon in der Partnerschaft zu heftigen Auseinandersetzungen kommt, fällt es oft schwer, den Behauptungen Glauben zu schenken, die Ausrutscher hätten mit Liebe überhaupt nichts zu tun. Auch wenn durchaus eine ernsthaft beteuerte Bereitschaft vorhanden ist, Treue zu praktizieren, kann es immer wieder dazu kommen, dass dem Triebhaushalt die alleinige Führung überlassen wird und der Verstand kurzfristig außer Betrieb gesetzt ist.

Die Erforschung der psychologischen Hintergründe des Fremdgehens indessen kann für die Beziehung äußerst interessante Hinweise über die Qualität des Zusammenlebens liefern und für die Gestaltung der Partnerschaft Gewinn bringend genutzt werden. Psychische Defizite wie mangelnde Wertschätzung und Anerkennung, zu wenig emotionale Beantwortung oder gar chronisches Desinteresse am anderen sind die häufigsten psychischen Motive, die zum Fremdgehen verleiten. Gerade in Beziehungen, in denen durch zu viel Regeln der Gefühle und zu starre Leitbilder eine lebendige Auseinandersetzung verhindert wird, verliert das Zusammenleben an Spannkraft. In einem zwar freundlichen, aber langweiligen nebeneinander her Leben fühlt sich der Einzelne nicht mehr angesprochen, sondern überflüssig und wertlos. Der Seitensprung kann also auch als Reparaturwerkstatt dienen, das angeschlagene Selbstwertgefühl wieder zu restaurieren. So könnte ein Fremdgehen zum durchaus förderlichen Anlass werden, um über den erlebten Mangel in der Beziehung offen und ehrlich mit dem Partner oder der Partnerin zu sprechen.

In der Regel betrifft das Thema beide gleichermaßen, auch wenn es zu einem bestimmten Zeipunkt nur von einem der beiden Personen in Fremdgeh-Aktivitäten ausgedrückt wird. Seitensprünge können deshalb auch immer als eine Ausgangsbasis verstanden werden, wieder miteinander ins Gespräch zu kommen, um die Beziehung neu zu gestalten.

Statt sich in quälende Selbstvorwürfe zu verstricken oder Anschuldigungen an die Adresse des anderen abzufeuern, könnte eine derartige Situation als Stunde der Wahrheit genutzt werden, in welcher wir einander die wahren Gefühle, Wünsche und Bedürfnisse mitteilen und auch über unsere tiefsten Ängste, unsere Kränkungen und Verletzungen offen sprechen.

Solche Gespräche helfen uns, Vorstellungen über eine verhängnisvolle Beziehungsphilosophie zu korrigieren und miteinander realistisch umsetzbare Partnerschaftskonzepte zu erarbeiten. Da erweisen sich auch vor allem Gespräche in therapeutisch geleiteten Paargruppen mit anderen Paaren, die ähnliche Probleme zu bewältigen haben, als sehr hilfreich. Durch den Austausch gelingt es besser, die eigene Situation zu begreifen, sich verstehen zu lernen und zudem einen umfassenderen Einblick in die Problematik von Wunsch und Wirklichkeit partnerschaftlicher Treue zu gewinnen.

Sex

Bei uns läuft im Bett
überhaupt nichts mehr

	Ja	Nein
– Denken Sie manchmal wehmütig an die Zeit zurück, in der Sie sich leidenschaftlich mit Ihrem Partner oder Ihrer Partnerin im Bett vergnügten?	○	○
– Ist Ihnen der Wunsch nach Sexualität mit Ihrem Partner oder Ihrer Partnerin gelegentlich oder ganz abhanden gekommen?	○	○
– Haben Sie sich schon gefragt, ob Sie überhaupt noch sexuell ansprechbar sind?	○	○

Wenn Sie eine der Fragen mit Ja beantwortet haben, befinden Sie sich in bester Gesellschaft mit vielen Menschen, die in einer mehrjährigen Partnerschaft leben.

Das Erleben von Sexualität ist individuell geprägt, und es lassen sich schwer Regeln aufstellen, die für alle Gültigkeit haben sollen. Dennoch zeigt sich auch in diesem Bereich eine allgemein bekannte Tendenz, die weder neu noch besonders aufregend ist: In jungen Jahren sind die meisten Menschen sexuell stärker aktiv als in späteren. Wie Zahlen aus dem amerikanischen Kinsey-Report belegen, nimmt die Dauer der männlichen Erektion nach dem dreißigsten Lebensjahr massiv ab (davor soll der Rekord bei 53 Minuten liegen) und erreicht bei den Fünfzigjährigen einen vorübergehenden Tiefstand von gerade mal zwanzig Minuten. In den folgenden fünf Jahren gibt es nochmals ein kurzes Aufflackern der Liebespotenz bei einer Steigerung um fünf Minuten. Danach geht es dann rasant bergab, bis mit ungefähr siebzig Jahren die Nullgradgrenze erreicht ist.

Statistische Werte sind Richtwerte, nicht mehr, aber auch nicht weniger. So viel aber wird deutlich: Die sexuelle Aktivität ist, genauso wie andere Bereiche des menschlichen Daseins, einem altersbedingten Veränderungsprozess unterworfen. Dennoch wundern sich viele, wenn sich bei ihnen das Bedürfnis nach Sex im Laufe der Jahre zurückbildet, und sie fragen sich: Ist das noch normal?

Beginnt das Bedürfnis nach Sexualität bereits in jüngeren Jahren nachzulassen, kann es sich um eine durchaus natürliche, individuelle Veränderung handeln und hat weiter nichts zu bedeuten. Ebenso kann es aber auch auf eine Beziehungsstörung hinweisen. Und da lohnt es sich, nach den Hintergründen zu fragen.

Klaus und Simone schauen wie jeden Abend gebannt in die Flimmerkiste. Ein Liebesfilm. Ach, lang ist's her. Dabei sind sie erst seit einigen Jahren verheiratet, aber bereits nach dem ersten Kind versickerte die einst so glühende Leidenschaft. Früher hatten sie oft Sex miteinander, ließen ihrer Fantasie und Experimentierfreude freien Lauf und dachten, dass es immer so bleiben würde. Nun schlafen sie ein- bis höchstens zweimal im Monat miteinander. Das ist alles. Das Schlafzimmer, das sie mit vielen Spiegeln an Wänden und Decke ausstaffiert haben, um die Lust durch optische Effekte noch zu steigern, wirkt inzwischen wie eine Faschingsdekoration im Hochsommer. Sie haben sich überlegt, den Raum vielleicht neu zu gestalten und zu tapezieren, um nicht ständig an etwas erinnert zu werden, das ihnen aus heutigem Erleben wie eine lästige Pflicht vorkommt. Weil sich aber dahinter ein Vorwurf verbirgt, droht dieser auch den sich ohnehin selten meldenden Lustfunken im Keim zu ersticken, noch bevor er überhaupt wahrgenommen wird. Vorläufig wollen sie aber doch von einer Umgestaltung ihres Erotik-Kabinetts absehen, da es einer Niederlage gleichkäme. Auch die vielen raffinierten Dessous mag Simone noch nicht wegräumen. Vielleicht handelt es sich bei ihrer Unlust lediglich um eine vorübergehende sexuelle Appetitlosigkeit, schließlich sind beide erst Mitte dreißig. Sie ziehen aber in Erwägung, medizinisch abklären zu lassen, ob eventuell organisch etwas nicht mehr in Ordnung sei. Auch haben sie bereits die Adresse eines erfahrenen Sextherapeuten ausfindig gemacht, um sich von ihm einige Tricks beibringen zu lassen, wie die erlahmten Lenden wieder in Schwung zu bringen sind.

Sexualität hat die Menschen schon immer und zu allen Zeiten bewegt. Ob sie unbekümmert und lustvoll ausgelebt oder verschämt, verdrückt oder gar unterdrückt und als unwürdig und schmutzig ausgeschlossen und abgeschoben wird, sie bringt eine gewaltige Dynamik ins Leben.

Sexualität scheint etwas Geheimnisvolles zu sein. Die einen werden von ihr beflügelt, vitalisiert, gelegentlich zu kreativen und geistigen Höchstleistungen inspiriert, andere fühlen sich versklavt, weil sie an nichts anderes mehr denken können. Während sich einige Herren über das stetige Nachlassen der sexuellen Bedürfnisse beklagen, bleibt anderen die sexuelle Spannkraft auch in der großväterlichen Lebensphase ungemindert erhalten, und sie zeugen – nachdem die gleichaltrige Partnerin durch eine jüngere ersetzt worden ist – gar noch im hohen Alter Nachwuchs. Handelt es sich bei diesem reifen Vater um eine bekannte Persönlichkeit, zirkuliert das freudige Ereignis durch die Medien und sorgt für Frustration bei all jenen, deren sexuelles Begehren zum kümmerlichen Aufflackern alter Erinnerungen verblasst ist, lässt aber wenigstens einen leisen Hoffnungsschimmer aufkommen, dass es also doch noch funktionieren kann.

Grundsätzlich wird viel Aufhebens um die Sexualität gemacht. Bei Ermangelung sexuellen Bestrebens harrt in diversen Magazinen und Geschäften ein Großangebot von akrobatischen Übungsanleitungen für Sexpraktiken und Stimulanshilfen aller Art sowie von medikamentösen Potenzstützen, als ob es darum ginge, diese Potenzfunktion unbedingt erhalten zu wollen, da nur sie als überlebenswichtig gilt. Die ständige Sexberieselung durch sämtliche Medien wirkt wie eine Hirnwäsche. Da kann sich im Kopf leicht der Eindruck einnisten, dass es zur Hauptaufgabe des menschlichen Daseins gehört, sich möglichst häufig, möglichst lange und vor allem ungebrochen bis ins hohe Alter sexuell zu vergnügen. Und so entsteht ein permanenter Erwartungsdruck: Nur häufige sexuelle Aktivität wird mit einem erfüllten und rundum zufriedenen Leben gleichgesetzt, gilt als Garant des Glücks in sämtlichen Lebensphasen. Sie wird zudem dringend empfohlen, ebenso wie die Notwendigkeit, sich regelmäßig die Zähne zu putzen.

Und genau da liegt das Problem. Sexualität ist nur eine von vielen Möglichkeiten, Sinnlichkeit zu erleben. Die Fixierung auf eine rein sexuell ausgerichtete Erfüllung verhindert die Wahrnehmung anderer sinnlicher Lebensfreuden. Der gequälte Versuch, sich auf einen Lustgaul zu schwingen, um atemlos durch erotische Landschaften zu hecheln, macht blind für das Schöne am Wegesrand. Sexualität ist eine Energie, die nicht nach einer Formel zu produzieren ist und sich in abgepackten Lusthäppchen konsumieren lässt. Ausmaß, Vielfältigkeit und Summe sexueller Lust sind nicht zu berechnen und nach Rezepten herzustellen.

Verschiedene Untersuchungen zeigen einen deutlichen Trend: Die heutige Gesellschaft leidet an mangelnder Bereitschaft, sich sexuell zu betätigen. Es scheint einen Zusammenhang zwischen medialer Sexenthüllung und der Möglichkeit, Lust zu empfinden, zu geben. Je mehr das Thema Sexualität im Scheinwerferlicht der Öffentlichkeit enthüllt, seziert und vertalkt wird und es zu einer Überflutung mit sexuellen Anreizen kommt, umso weniger scheint sich die Lust auf Sexualität erhalten zu lassen. Es ist beinahe so, als ob die sexuelle Energie nur dann ungehindert fließt, wenn ein geheimnisvoller Schleier sie verhüllt. Vielleicht ist diese Überlegung zu vergleichen mit den aufregenden Tagen vor Heiligabend, an denen Kinder die Ankunft des Christkindes erwarten, das die Gaben unter den Baum legt. Ist das Geheimnis einmal gelüftet, dass es die Eltern sind, welche die Geschenke kaufen, mag sich diese spannungsgeladene Erwartung nicht mehr so richtig einstellen, und der vorweihnachtliche Zauber verblasst.

Da Sexualität und Glück als beinahe identische Begriffe gelten und alle Menschen glücklich sein wollen, liegt es nahe, dass sich viele bemühen, sexuell möglichst aktiv zu sein.

Nicht nur bei älteren Menschen, sondern durch alle Altersgruppen hindurch existiert Sex oft nur noch im Kopf – der Körper indessen hat ganz andere Bedürfnisse. Vielleicht verlangt er einfach nach Bewegung an der frischen Luft oder möchte entspannt und behaglich in einem Liegestuhl ruhen, sich schlichtweg wohl fühlen und die Stille genießen. Und wenn ihm vom Verstand dennoch diktiert wird, sich gefälligst sexuell zu betätigen, streikt er prompt. Und das ist gut so. Die Körperintelligenz ist in der Regel gescheiter als die des Kopfes und erteilt uns eine wichtige Lektion: alles zu seiner Zeit.

Wenn nun Paare bereits einige Jahre zusammenleben, ist es eine völlig natürliche Sache, dass sich die erotische Anziehungskraft verändert oder allmählich nachlässt, bei den einen mehr, bei den anderen weniger. Es ist grundsätzlich falsch, den Zustand einer Beziehung nach der geschlechtlichen Frequenz beurteilen zu wollen. Leider erhält selbst in Ehetherapien die Frage nach der Häufigkeit sexueller Betätigung eine viel zu große Bedeutung. Die Frage, wie viel Nähe und innere Intimität ein Paar miteinander erleben, ist um einiges aufschlussreicher und kann weit mehr über den Zustand einer Beziehung aussagen.

Es ist durchaus möglich, dass mangelndes sexuelles Interesse am Partner oder an der Partnerin Ausdruck einer Beziehungsstörung ist. Da spielen zum Beispiel die vielen leisen und kaum wahrnehmbaren Kränkungen, die wir uns im Laufe der Jahre zugefügt haben, eine nicht zu unterschätzende Rolle. Irgendwann fühlen wir uns derart entwertet, dass wir einfach keine Lust mehr haben, uns mit dem Partner oder der Partnerin auf eine körperliche Nähe einzulassen. Wir schützen uns, indem wir uns verschließen. Werden aber die Kränkungen erst einmal ausgesprochen, ohne dass der andere sie gleich wieder zurückweist, können sie auch verarbeitet werden, bis die Wunden schließlich verheilen. Sich vom anderen verstanden zu fühlen, ist wie ein Wundermittel, das die alten Liebesgefühle wieder in Bewegung setzt. Dann lässt wahrscheinlich auch das Bedürfnis nach körperlicher Intimität nicht mehr lange auf sich warten.

Die Ursache für die allmählich abnehmenden sexuellen Bedürfnisse ist aber nicht immer auf Schwierigkeiten in der Beziehung zurückzuführen, sondern kann genauso Ausdruck eines Veränderungsprozesses sein, der keinesfalls mangelnde Zuneigung zum Partner oder zur Partnerin dokumentiert.

Gerade in langjährigen Beziehungen vergrößert sich allein durch die Gründung einer Familie der Aktionsraum; Bekanntenkreis und Freundeskreis erweitern sich, auch berufliche Kontakte werden bedeutsamer. Durch die Vielfalt der sozialen Begegnungen werden die verschiedensten Bedürfnisse abgedeckt, es erschließen sich neue Interessengebiete, und so entstehen im Laufe der Jahre völlig andere Freudenquellen. Hinzu kommt, dass die Befriedigung, die sich allein dadurch einstellt, sein Leben zu gestalten und zu meistern, für viele ein herausragendes Glücksgefühl auslöst, selbst dann, wenn schwierige Aufgaben zu bewältigen sind. Sinnlich beglückende Erlebnisse finden nicht mehr ausschließlich im sexuellen Bereich statt, sondern verlagern sich auf mehrere Gebiete.

Ebenso wächst bei vielen Paaren im Laufe der Jahre eine tiefe Vertrautheit zueinander, ein grundsätzliches Wohlwollen dem anderen gegenüber, ein Einverstandensein mit sich und dem Lebensgefährten oder der -gefährtin. Da kann ein gemeinsames Erlebnis eine seelische Intimität ermöglichen, die an Intensität der körperlichen nicht nachsteht. In solchen Beziehungen erleben die Menschen derart viele sinnliche Freuden entweder allein oder miteinander, dass sie sich vollauf gesättigt fühlen. Sie sind über das Stadium, wo sie einfach nur „Liebe machen", hinausgewachsen, weil sie längst zu Liebenden geworden sind.

Diese Verlagerung der Liebesenergie auf andere Lebensbereiche erweitert das Spektrum, Sinnlichkeit zu erleben. Und ein solcher Vorgang ist gänzlich unabhängig von Alter und Lebensphase.

Genauso gut aber kann sich auch eine völlig andere Entwicklung ergeben, bei der eine sexuelle Aktivität gerade im Älterwerden einen wichtigen Platz einnimmt. Dabei kann es selbstverständlich sein, dass Sexualität für einige Menschen, die im Altersheim ihren Lebensabend verbringen, zu einem elementaren Verlangen gehört. Inzwischen haben derartige Sehnsüchte selbst in konservativ geführten Heimen eine Akzeptanz gefunden.

Das wichtigste in der Auseinandersetzung mit dem Thema Sexualität ist die Orientierung an den eigenen Wünschen und Bedürfnissen. Wir können allgemeine Tendenzen durchaus zur Kenntnis nehmen, ohne uns aber nach ihnen richten zu wollen, sondern um individuelle Abweichungen als Ausdruck der eigenen Entwicklung zu erkennen. Was heißt, sich möglichst von den gängigen Vorstellungen über Sexualität zu befreien.

Und so kann letztlich auch in einer Beziehung nur das Paar selbst darüber entscheiden, welche Bedeutung einer Veränderung seiner sexuellen Bedürfnisse zukommt.

Stiefkinder

Wenn du nur keine Kinder hättest

	Ja	Nein

*– Gehen Sie davon aus, dass es mit gutem
Willen auf jeden Fall zu schaffen ist, mit den
Kindern klarzukommen, die der Partner oder
die Partnerin aus einer früheren Verbindung
mitbringt?*   ○   ○

*–Sollte man den Kindern von Anfang an sagen,
wo es langgeht, und ihnen nicht erlauben,
gegen den neuen „Vater" oder die neue
„Mutter" Front zu machen?*   ○   ○

*– Rechnen Sie damit, dass sich die neue
Konstellation von selbst einspielt und sich
allfällige Schwierigkeiten beheben lassen?*   ○   ○

Falls Sie alle Fragen mit Ja beantwortet haben, sollten Sie sich unter keinen Umständen auf Partner oder Partnerinnen einlassen, die bereits Kinder haben.

Ihre Lebensphilosophie ist geprägt von der Haltung, dass alles entweder machbar ist oder sich von selbst regelt. Und gerade in einer dynamischen Beziehungssituation, die bei einem Partner mit Kindern entsteht, zeigt es sich, wie falsch diese Vorstellung ist.

Da Kinder in der Regel über eine ausgeprägt feine Wahrnehmung verfügen, reagieren sie unmittelbar auf verdeckte Erwartungen oder Spekulationen. Jeder Versuch, ihnen etwas vorzumachen, sie zu manipulieren, ihnen etwas zu verheimlichen, ihnen etwas aufzuzwingen, scheitert. Es kommt, je nach Temperament des Kindes, zu heftigen Reaktionen. Werden diese von den Erwachsenen falsch verstanden, wird es kaum möglich sein, eine Beziehung entstehen zu lassen, die für alle Beteiligten genügend Freiraum für ihre Bedürfnisse bietet.

Lea, eine 30-jährige Lehrerin, hatte bereits die Hoffnung aufgegeben, dem Mann fürs Leben zu begegnen. Verschiedene Beziehungen scheiterten bereits nach kurzer Zeit. Über die Gründe, die zum Scheitern führten, ist sie sich nicht im Klaren. Einmal war es der Mann, der nicht mehr wollte, einmal kam es von ihrer Seite zur Trennung. Vor einem Jahr aber ist das Wunder geschehen, und sie verliebte sich in einen um acht Jahre älteren Berufskollegen. Noch nie zuvor fühlte sie sich derart wohl, noch nie in allem, was sie dachte und fühlte, bis ins Letzte verstanden. Roland ist geschieden und hat zwei Kinder, ein siebenjähriges Mädchen und einen fünfjährigen Jungen. Er verbringt jedes zweite Wochenende mit ihnen, was für Lea kein Problem bedeutet, da sie diese Zeit für ihre zahlreichen Hobbys mit ihren Freundinnen nutzt.

Da Lea und Roland zu heiraten beabsichtigen, wollen sie auch den Kindern die Gelegenheit geben, sich an die neue Situation zu gewöhnen. Deshalb beschließen sie, die Sommerferien gemeinsam zu verbringen. In diesen vier Wochen sollen sich Lea und die Kinder näher kommen und einander kennen lernen. Zudem hofft Roland, dass die Kinder eines Tages bei ihnen wohnen werden.

Alles ist sorgfältig geplant. Sie mieten ein kleines Ferienhäuschen nur wenige Minuten vom Meeresstrand entfernt. Lea kauft ein Federballspiel, Märchenbücher, Taucherbrille und Kartenspiele.

Bereits am ersten Tag kommt es zu Konflikten. Die Kinder nehmen den Vater von morgens bis abends in Beschlag, wollen immer nur mit ihm zusammensein, mit ihm spielen, herumtollen und schmusen. Aber auch nachts gibt es keine Möglichkeit, einmal ohne Kinder zu sein. Die kleine Silvie besteht darauf, an der Seite ihres Vaters einzuschlafen, wie sie es von den Besuchswochenenden gewohnt ist. Lea fühlt sich wie das fünfte Rad am Wagen. Die Kinder lassen sie entweder links liegen oder attackieren sie, indem sie ihr zu verstehen geben, dass ihre Mutter viel schöner sei als sie. Gelegentlich kommt es sogar zu offenen Aggressionen gegen sie. Roland will es allen recht machen. Er redet freundlich auf die Kinder ein und versucht, Lea zu beschwichtigen.

Sie setzt zunächst eine gute Miene auf und überspielt ihre Kränkungen. Bald aber fühlt sie sich derart elend, dass sie in Erwägung zieht, ihren Urlaub vorzeitig abzubrechen. Sie ist verzweifelt. Soll ihr Liebesglück an diesen Kindern scheitern? Sie hadert: Warum hat Roland ausgerechnet diese ungezogenen und schwierigen Kinder in die Welt gesetzt? Zudem ist sie auch auf die erste Frau sauer, die, so stellt sie sich vor, ihre Ferien ungestört mit einem Liebhaber verbringt, während sie sich mit ihren Kindern herumschlagen muss.

Jede dritte Ehe wird geschieden, in Großstädten jede zweite. Die Chance ist groß, auf Partner oder Partnerinnen zu treffen, die Kinder haben. Die meisten stellen sich eine gemeinsame Zukunft um einiges einfacher vor, als sie sich dann schließlich herausstellt.

Die Anfangseuphorie, einen Menschen gefunden zu haben, mit dem sich eine Partnerschaft aufbauen lässt, oder die Sehnsucht von Alleinstehenden mit Kindern, wieder eine neue Familie zu gründen, führt dazu, dass den Schwierigkeiten, die durch Kinder entstehen können, anfangs zu wenig Beachtung geschenkt wird.

Wir sind zunächst guter Dinge und gehen davon aus, dass wir das schon irgendwie hinkriegen. Gelegentlich klappt es tatsächlich auch mühelos. Oft aber erhält diese Illusion dann eine unerbittliche Korrektur, wenn wir versuchen, die Kinder mit den neuen Lebensgefährten und Gefährtinnen zusammenzubringen und ein Wochenende oder gar Ferien gemeinsam zu verbringen.

Die Position der neuen Partner und Partnerinnen, die von außen zu einer bereits vorhandenen Eltern-Kind-Konstellation stoßen, ist alles andere als einfach. Die Kinder können auf die neue Person misstrauisch, ablehnend oder gar aggressiv reagieren. Die Zweisamkeit des Paares wird gestört oder gar gänzlich verunmöglicht. Die Liebe, die sich auch im zeitlichen Aufwand zum Ausdruck bringt, muss nun auf mehrere Personen verteilt werden. Die Geliebte, der Geliebte steht nicht mehr an erster Stelle, sondern rangiert oft hinter den Kindern. Und wenn zusätzlich auch noch wirtschaftliche Faktoren eine große Rolle spielen, weil der Mann Alimente für Kinder und Exfrau zu entrichten hat, kann es sein, dass nicht nur auf weitere Kinder verzichtet werden muss, sondern auch alltäglichen kleinen Vergnügungen nicht nachgegangen werden kann.

In dieser Situation ist es nicht leicht, Kinder aus einer früheren Beziehung des Partners nicht einfach als äußerst störend, wenn nicht sogar als hinderlich zu empfinden und sie gelegentlich auf den Mond zu wünschen. Zudem spielen die Exfrauen und -männer in diese Dynamik mit hinein. Es wird fantasiert, dass diese eine „ruhige Kugel schieben", während wir uns mit seinen oder ihren Kindern herumplagen. Da werden wir durch sämtliche Gefühlstiefen wie Hass, Neid, Eifersucht, Wut und Schmerz gejagt. Schon diese Empfindungspalette zeigt, dass es allein mit gutem Willen und vom Verstand diktiertem Verhalten wohl nicht zu bewältigen ist.

Aber auch das Kind wird mit den verschiedensten Gefühlen zu kämpfen haben. Seine Position wird meist zu wenig bedacht. Wir gehen von unserem Erleben aus und denken: Ich bin ja so glücklich, dass ich wieder einen neuen Partner oder eine neue Partnerin gefunden habe, also werden sich meine Kinder ebenfalls freuen.

Was aber erlebt das Kind? Zuerst erlebt es, dass die beiden Menschen, die es am meisten liebt auf der Welt, sich trennen. Es muss also zuerst einmal die Trennung verkraften, muss lernen, seine Liebe aufzuteilen und an zwei geografisch verschiedenen Orten unterzubringen. Aber auch das Gefühl, von beiden Elternteilen geliebt zu werden, wird es fortan nicht mehr unter einem einzigen Dach spüren.

Über den Grund der Trennung können sich die Kinder oft überhaupt kein Bild machen. Erklärungsversuche wie etwa: „Mami und Papi lieben sich nicht mehr" oder „der Papi liebt eine andere Frau" sind für Kinder schwer nachvollziehbar. Das Thema sollte in vielen Gesprächen mit den Kindern immer wieder neu und aus einer anderen Perspektive, die dem Alter des Kindes gemäß ist, besprochen und verarbeitet werden. All das bedeutet bereits für ein Kind eine große Verunsicherung und bedarf von Seiten der Erwachsenen einer behutsamen Begleitung.

Wenn nun aber noch ein neuer Partner oder eine neue Partnerin eines Elternteils auftaucht, sollte es eigentlich verständlich sein, wenn sich Kinder zusätzlich verunsichert fühlen, durcheinander geraten oder gar mit Panik und Abwehr reagieren. Was will diese neue Person? Will sie mir etwas wegnehmen? Plötzlich soll die Rolle des Vaters oder der Mutter mit einer neuen Person besetzt werden. Im Erleben des Kindes hat es *einen* Vater und *eine* Mutter, wo auch immer er oder sie sich aufhält, und es denkt nicht daran, diese zentralen Rollen durch Personen umzubesetzen, die es nicht einmal kennt.

Bei einem Partner- oder Partnerinnenwechsel ist darauf zu achten, dass die Kinder unter keinen Umständen in eine innere Notsituation geraten. Niemals sollten wir ihnen den Platz vorschreiben, den sie der neuen Person zu geben haben. Denn für sie würde das einem Liebesverrat an ihrem Vater oder ihrer Mutter gleichkommen. Kinder sollten selbst darüber befinden, welche Rolle der neue Mann an der Seite der Mutter, die neue Frau an der Seite des Vaters für sie einnimmt. Es ist durchaus möglich, dass sich im Laufe der Zeit Vater- oder Mutterfiguren herausbilden, und zwar dann, wenn das Kind in der neuen Person tatsächlich väterliche bzw. mütterliche Eigenschaften und Qualitäten erfährt und akzeptiert. Es ist aber durchaus möglich, dass die neue Person lebenslang in der Rolle des Freundes der Mutter, der Freundin des Vaters gesehen wird. Das muss den Kindern überlassen werden.

Aber auch die Position des Elternteils mit Kind, der sich eine neue Partnerschaft aufbauen möchte, ist äußerst problematisch. Geschiedene leiden oft unter schlechtem Gewissen den Kindern gegenüber, weil sie davon ausgehen, ihnen durch die Scheidung den Vater oder die Mutter genommen zu haben. Ein schlechtes Gewissen aber ist ein untauglicher Berater, wenn es darum geht, Lebensprobleme zu meistern. Wir geraten in die Position der Schuldigen, die bemüht sind, Schuld abzutragen oder wieder gutzumachen. Dies führt dazu, dass wir unsere eigenen Bedürfnisse weitgehend vernachlässigen und nur noch daran interessiert sind, andere zufrieden zu stellen. Wir sind zu den unmöglichsten Kompromissen bereit, nur damit die Welt einigermaßen in Ordnung bleibt und wir den Kindern nicht noch mehr Leid aufbürden. Wir verwöhnen sie – „schließlich haben sie meinetwegen viel durchgemacht". Zugleich haben wir aber auch dem Partner oder der Partnerin gegenüber das Gefühl, etwas gutmachen zu müssen – „schließlich muss sich der andere mit meinen Kindern herumschlagen". Oft fühlt es sich an, wie wenn auf verschiedenen Hochzeiten gleichzeitig in völlig gegensätzlichen Rhythmen getanzt werden sollte. Es ist eine spannungsgeladene Gratwanderung zwischen Hoffnung und Verzweiflung, die jederzeit zum Absturz führen kann. Es ist eine innere Zerreißprobe zwischen dem Anliegen, einerseits das Beste für die Kinder zu tun und es andererseits dem Partner oder der Partnerin möglichst recht zu machen und sie für all die Mühen zu entschädigen, die durch die Kinder verursacht werden. Dauert dieser Zustand über Jahre an, ist es nicht verwunderlich, wenn einem auch noch die eigenen Kinder zu viel werden und wir am liebsten diese Last abschütteln möchten. Obwohl derartige Regungen durchaus normal sind, führen sie unweigerlich dazu, uns weitere Schuldgefühle aufzubürden. Oft geraten wir in einen Teufelskreis und finden den Notausgang nicht mehr.

Diese unterschiedlichen Positionen zeigen, dass wir es hier mit einer Komplexität zu tun haben, die weder einfach übergangen werden kann, noch ist damit zu rechnen, dass sich alles von selbst regelt.

Da gibt es nur eine Möglichkeit: Wir müssen wissen, dass sich eine solche Situation niemals beiläufig erledigen lässt. Es ist eine höchst anspruchsvolle Aufgabe, die unsere volle Aufmerksamkeit erfordert. Je mehr wir über die möglichen Schwierigkeiten wissen, die auf uns zukommen können, je mehr wir über die unterschiedlichen Positionen und die damit verbundenen Problemkonstellationen der Beteiligten wissen, umso besser und konstruktiver können Lösungen gefunden werden.

Wer sich auf die Beziehung mit einem Partner oder einer Partnerin mit Kind einlässt, sollte sich als Erstes die entscheidende Frage stellen: Will ich mich mit einer solch herausfordernden Aufgabe auseinander setzen, oder will ich das lieber nicht? Im Nachhinein zu jammern, dem Partner oder der Partnerin den Vorwurf zu machen, dass diese Kinder die neue Beziehung unmöglich machen, ist nicht nur sinnlos, sondern auch unfair. Vor allem wird es die Situation nicht verändern. Kaum ein Elternteil ist bereit, für einen neuen Partner oder eine neue Partnerin die Kinder zu opfern. Falls es dennoch dazu kommt, lastet diese Konzession als ständige Erwartung auf der Beziehung, dass sich das Opfer wenigstens gelohnt haben sollte. Wer Ja zum Partner, zur Partnerin sagt, muss auch Ja zu den Kindern sagen.

Das bedeutet, dass wir die Liebe zwischen dem Elternteil und seinen Kindern mit allen Konsequenzen respektieren und, wenn es geht, würdigen und schützen. Die Kinder nehmen einen ganz besonderen Platz in seinem Herzen ein, sind Teil von ihm und sind nicht mehr wegzudenken.

Wer in der Lage ist, in sich echte Liebesgefühle für die Kinder des Partners oder der Partnerin zu entwickeln, bringt mit dieser Haltung letztlich auch die Liebe für seinen Partner oder seine Partnerin zum Ausdruck. Nie fühlen wir uns mehr geliebt, als wenn das, was uns am nächsten steht, ebenfalls geliebt wird.

Dazu gehört auch, dass wir uns auf eine Beziehung zu den Kindern einlassen, die wir nicht allein bestimmen, sondern die sich durch das Beziehungsverhältnis und die Beziehungsdynamik konstelliert. Wir sollten weder das Kind noch uns selbst unter Druck setzen. Ebenso ist es falsch, das Einander-Kennenlernen im Eiltempo über die Runden bringen zu wollen. Kennenlernen heißt, einander zunächst vorsichtig zu beschnuppern, vielleicht auch am Anfang etwas auf Distanz zu bleiben, um sich allmählich zu nähern. Jede Aufforderung wie etwa: „Sag doch einfach Mami zu mir" ist völlig fehl am Platz. Wir sollten den Kindern viel Zeit lassen. Manchmal verlangt es viel Geduld, und braucht Monate oder Jahre, bis sich eine vertrauensvolle Beziehung entwickelt hat.

Dazu gehört auch, dass wir uns nicht ständig in die Eltern-Kind-Beziehung einmischen und uns dazwischendrängen. Es muss möglich sein, dass ein Kind auch alleine mit seinem Vater oder seiner Mutter Zeit verbringt, um seine ganz besondere und intime Beziehung zu leben und ohne dass ständig jemand dabeisitzt, der sich für das Kind noch fremd anfühlt. Es gibt tatsächlich Menschen, die auf ihren Partnern oder Partnerinnen wie Fliegen auf einem Fleischkäse hocken und sie nie mit den Kindern allein lassen. Ist es da verwunderlich, wenn die Kinder ausrasten und die Neue oder den Neuen ins Pfefferland wünschen?

Eine Partnerschaft, in der der eine Teil aus einer früheren Verbindung bereits Kinder hat, bringt eine Auseinandersetzung in Gange, die einen immer wieder auf sich selbst zurückwirft und mit den eigenen Schwächen und dem eigenen Unvermögen konfrontiert. Die negativsten Aspekte der eigenen Persönlichkeit spült es da gelegentlich an Land, und die damit verbundenen Gefühle sind manchmal nur schwer auszuhalten. Die Versuchung, Unangenehmes und Quälendes auf andere, z. B. auf die Kinder, zu projizieren, ist groß.

Das einzig Hilfreiche sind Gespräche mit dem Partner oder der Partnerin, in welchen alles, was uns bedrückt und bewegt, zur Sprache kommt. Solche Aussprachen sollten regelmäßig stattfinden, damit sämtliche stimmungsmäßigen Trübungen erfasst werden und zur Sprache kommen. Auch die Kinder sollten in diese Gespräche mit einbezogen werden, damit auch sie die Möglichkeit erhalten, über alles, was sie bewegt, zu sprechen. Zugleich werden sie durch dieses Vorgehen dazu animiert, die neue familiäre Konstellation und die Beziehungen mitzugestalten. Auch lernen sie durch solche Gespräche die neue Person von einer anderen Seite kennen, vor allem, mit welchen Sorgen und Problemen sie sich auseinander setzt.

Nicht in jedem Fall ist es möglich, mit dem Partner oder der Partnerin offen über diese Gefühle zu sprechen, da dies leicht als Ablehnung gegenüber den Kindern aufgefasst werden könnte. Dann ist dringend zu empfehlen, eine familientherapeutisch geschulte Fachperson zu Rate zu ziehen.

Schließlich bereiten wir uns auch auf eine Bergwanderung richtig vor. Wir rüsten uns mit den besten Wanderschuhen aus, machen uns Gedanken über unsere Kleidung, die uns vor Wind, Wetter und Sonne schützt, und besorgen uns eine Wanderkarte. Und wenn wir feststellen, dass die Wanderung mit besonderen Gefahren verbunden ist, lassen wir uns von einem kundigen Führer begleiten. Die therapeutische Hilfestellung gewährt allen Beteiligten, selbstverständlich auch den Kindern, einen geschützten Raum, wo sie sich aussprechen können, um einander besser verstehen zu lernen und gemeinsam einen für sie alle gangbaren Weg zu finden.

Dieser Aufwand lohnt sich auf jeden Fall und trägt dazu bei, dass die neue Beziehung eine echte Chance für ein gutes Gelingen erhält und keine der beteiligten Personen verletzt und zutiefst gekränkt auf der Strecke bleibt.

Stress

 **Ich habe keine Lust mehr auf Sex**

	Ja	Nein
Wenn eine Frau im Bett keine Lust mehr verspürt,		
... ist sie frigide?	○	○
... liegt es wahrscheinlich an ihm, da er ein schlechter Liebhaber ist?	○	○
... sollte sie sich zum Sex überwinden – schließlich gehört er zu einer gut funktionierenden Partnerschaft?	○	○

Alle mit Ja beantworteten Fragen sind falsch. Der Mythos von der frigiden Frau ist vor allem eine Erfindung der Männer, die sich dadurch auszeichnen, dass sie Sexualität nicht im Zusammenhang mit anderen Lebensbereichen begreifen können. Sie blenden ihren möglichen Beitrag aus und suchen allein bei der Frau den Defekt.

Die Annahme, dass bei einer weiblichen Unlust die Liebeskunst des Mannes schuld sei, ist ebenfalls zu kurz gedacht. Obwohl nur wenige Männer der Vorstellung von einem virtuosen und herausragenden Liebeskünstler entsprechen, liegt hierin selten die Ursache begründet, dass die Frauen ihre sexuelle Energie verlieren.

Der Gedanke, sich dem Partner aus Pflichtgefühl sexuell zur Verfügung zu stellen, zeigt ebenfalls keine Lösungsperspektive. Sie spiegelt ein patriarchales Weltbild, das die Funktion der Frau vor allem darin sieht, sich den Wünschen des Mannes unterzuordnen.

Priska und Marc sind ein junges, dynamisches und beruflich erfolgreiches Paar. Sie machen einen besonders glücklichen Eindruck. Niemand ahnt etwas von ihrem Problem, über das sie nur ungern sprechen, schon gar nicht mit anderen Personen. Priska hat keine Lust mehr, mit Marc ins Bett zu gehen. Beide sind ratlos und suchen nach den Gründen.

Das war nicht immer so. Vor der Geburt ihres ersten Kindes gehörte eine erfüllte Sexualität für beide zur selbstverständlichsten Sache der Welt, und sie konnten es sich nicht vorstellen, dass sich das jemals ändern würde. Seit aber der kleine Mischa da ist, hat sich ihr Leben ohnehin sehr verändert. Sechs Wochen nach der Geburt geht Priska wieder zurück in den Beruf. Obwohl das Baby noch immer gestillt wird, ist es ihr gelungen, alles gut zu organisieren. So klappt es denn auch reibungslos: Priska steht um 6.15 Uhr morgens auf, wickelt und stillt das Baby, duscht und frühstückt. Um 7.45 Uhr verlässt sie mit dem Kind das Haus und fährt es zur Tagesmutter. Gegen 8.30 Uhr ist sie im Büro, eine Werbeagentur mit drei Angestellten, die sie leitet. Bis mittags geht es dann ziemlich hektisch zu, und sie ist froh, wenn die Zeit für eine kurze Kaffeepause reicht. Während sie die zahlreichen Faxe und E-Mails liest, pumpt sie in Eile noch die Milch für Mischas Zwischenverpflegung ab. Ist Priska per Intercity auf Kundenbesuch unterwegs, kommt es gar vor, dass sie dies in einer kalten Eisenbahntoilette erledigt. Wann aber immer möglich, eilt sie in der Mittagszeit zur Tagesmutter, um das Baby zu stillen und die abgepumpte Milch zu bringen. Hinterher fährt sie wieder ins Geschäft. Meist isst sie schnell etwas im Auto. In der Agentur ist sie wieder bis 17 Uhr gefordert. Hinterher Kind abholen, sich noch einen Moment hinsetzen, um sich von der Tagesmutter alles erzählen zu lassen, was das Baby alles gemacht hat. Wenn sie gegen 19 Uhr nach Hause kommt, hat Marc bereits das Abendessen gerichtet. Aus-

packen, alles vorbereiten für den nächsten Tag. Die Tischge-
spräche drehen sich meist um organisatorische Abmachungen
für den nächsten Tag. Vor dem Fernseher schläft sie nicht selten nach fünf Minuten ein. Nachts muss sie mindestens zwei-
bis dreimal aufstehen, weil das Baby weint. Am Wochenende
wird all das erledigt, wofür in der Woche keine Zeit bleibt:
Saubermachen, Einkäufe, Telefonrückrufe usw.

Priska macht sich in der letzten Zeit vermehrt Vorwürfe,
weil sie auf Marcs Zärtlichkeiten nicht mehr reagieren kann,
und sie vermutet, dass bei ihr etwas nicht mehr in Ordnung
ist. Auch Marc macht sich Gedanken darüber, ob er vielleicht
in der Sexualität etwas falsch macht.

Priska und Marc sind mit diesem Problem nicht allein. Aber
wie viele Paare denken auch sie, dass etwas mit der Beziehung
nicht stimmt. Davon ist aber hier nicht auszugehen, sondern
der Tagesablauf der jungen, berufstätigen Frau mit Kleinkind
spricht für sich. Bei einem solchen Pensum, das sie Tag für Tag
zu bewältigen hat, ist es nicht verwunderlich, wenn sexuelles
Begehren auf der Strecke bleibt. Priska ist rund um die Uhr
eingebunden in vielerlei Pflichten, hat keine ruhige Minute, in
der sie sich auf sich besinnen und spüren kann, was sie gerne
möchte, was ihr gut täte. Sie ist immer für andere da, erfüllt
unentwegt zahlreiche Funktionen. Da kann der Zugang zu eigenen Bedürfnissen leicht abhanden kommen. Wer chronisch
angespannt ist, kann den eigenen Körper nicht mehr empfinden und ist auch auf Sex kaum noch ansprechbar.

Zudem ist für viele Frauen die Geburt ihres ersten Kindes
ein fundamentales Erlebnis, das zuerst einmal verkraftet und
verarbeitet werden muss. Wird eine Frau zur Mutter, muss sie
in ihr neues Amt hineinwachsen. Die wenigsten Frauen haben
eine realistische Einschätzung davon, was auf sie zukommt.
Einerseits müssen sie sich mit ihrer neuen Rolle als Mutter

vertraut machen, andererseits allmählich lernen, diese in das bereits bestehende Selbstbild zu integrieren. Sie machen die Erfahrung, dass ihr Leben von nun an nicht mehr nur nach eigenen Vorstellungen gestaltet werden kann, sondern dass das Kind weitgehend den Takt bestimmt. Plötzlich gelten andere Regeln. Wer ein Kind zu umsorgen hat, kann nicht mehr unbekümmert den eigenen Wünschen nachgehen. Bei allen Aktivitäten steht das Wohl des Kindes im Vordergrund. Ein spontaner Kinobesuch, ein rascher Sprung abends in die Pizzeria sind nicht mehr so ohne weiteres möglich.

Die erste Zeit in der Rolle als Mutter bringt aber auch in anderen Bereichen Veränderungen mit sich. Es melden sich Erinnerungen an die eigene Kindheit, vielleicht sind diese angenehm und erfreulich, oder aber es werden belastende Bilder nochmals belebt. Auch kann das Verhältnis zur eigenen Mutter nochmals eine ganz neue Qualiät erhalten. Sei es, dass eine größere Nähe zu ihr entsteht, eine neue Vertrauensbasis, jetzt, da beide Mütter sind, oder aber dass plötzlich der Mangel an fürsorglicher Mutterliebe wieder schmerzlich ins Bewusstsein gerückt wird.

Es ist nicht nur für die Frau eine sehr intensive Zeit. Auch der Mann muss sich zuerst mit der Tatsache, Vater zu sein, vertraut machen. Für beide beginnt mit der elterlichen Verantwortung ein neuer Lebensabschnitt. Die Frau ist nicht mehr allein Partnerin, sondern ebenso Mutter. In dieser Konstellation fühlt sich der Mann oftmals ausgeschlossen und deplaziert. Dann sind Eifersuchtsgefühle keine Seltenheit. Vor allem, wenn die Zweisamkeit zu kurz kommt und das Paar über zu wenig Freiraum für sich selbst verfügt. Während Männer auf solche veränderten Lebensumstände viel seltener mit sexueller Lustlosigkeit reagieren, kommt es bei Frauen häufiger vor, dass ihr körperliches Verlangen verschwindet. Sie sind derart damit beschäftigt, der Mutterrolle und den damit verbundenen vielfältigen Pflichten gerecht zu werden, dass sie sich als Individuen weitgehend selbst vergessen. Erst bei einer ausreichenden Besinnung auf sich selbst können sexuelle Wünsche überhaupt wahrgenommen werden. Zusätzlicher beruflicher und organisatorischer Alltagsstress führt auch nicht gerade zur Luststeigerung.

Wenn dieser neue Zustand weder als individuelle noch als Beziehungsstörung, sondern als Ausdruck einer situationsbedingten Überforderung verstanden wird, hat er gute Chancen, auch wieder verwandelt zu werden.

Doch so einfach wird das nicht sein. Denn viele Frauen haben ein permanent schlechtes Gewissen. Sie fühlen sich für alles verantwortlich, und wenn etwas nicht reibungslos klappt, fühlen sie sich schuldig. Bei allein erziehenden Müttern ist dieses Phänomen besonders ausgeprägt. Sie fühlen sich selbst dann schuldig, wenn sie vom Kindsvater verlassen wurden und das Kind nun ohne Vater aufwächst. Sie fühlen sich schuldig, wenn sie allein für den ganzen Unterhalt aufkommen müssen und deshalb voll berufstätig sind. Oder wenn der Kindsvater seiner Pflicht, Alimente zu zahlen, ungenügend oder überhaupt nicht nachkommt und sie zum Sozialamt gehen müssen, auch dann fühlen sie sich schuldig. Sie fühlen sich also immer schuldig – so oder so.

Seltsamerweise haben viele Frauen insgeheim ein schlechtes Gewissen, wenn sie ihren Mann in die vielen Pflichten, die das Aufziehen eines Kindes mit sich bringt, und in die Bewältigung des Haushalts einbinden. Es liegt ihnen näher, das Doppelte oder gar Dreifache bis hin zur totalen Erschöpfung zu leisten, nur um ihn zu schonen.

Die Gründe für dieses eigenartige Verhalten sind unterschiedlicher Natur. Da ist einmal das Vorbild der eigenen Mutter. Von ihr haben wir vieles unbewusst übernommen und verinnerlicht, auch dass die Erziehung der Kinder und die Haushaltsführung reine Frauensache seien. Obwohl wir dieses alte Rollenbild auf bewusster Ebene entschieden zurückweisen, verfolgt es viele von uns Frauen wie ein unveränderbares Diktat und beeinflusst unser Verhalten. Plötzlich stellen wir fest, dass wir genau in der Sackgasse gelandet sind, die wir unbedingt vermeiden wollten.

Anscheinend existiert auch eine gewisse Vorsicht, das Wagnis einzugehen, den Mann zur Mithilfe zu bewegen. Die Angst, dass er die Aufforderungen nicht erfüllen will und die Frau im Regen stehen lässt, ist unterschwellig vorhanden. Frauen, die beruflich Karriere machen, leiden oft unter dem Gefühl, sich etwas zu nehmen, was sie teuer zu stehen kommt. Sie befürchten, sie könnten beispielsweise vom Partner verlassen werden. So bemühen sie sich, dem gängigen Frauenbild möglichst zu entsprechen, alles recht zu machen und unter keinen Umständen seine Position in Frage zu stellen. Eher spielen sie ihre chronische Überlastung herunter, um sich nicht dem Konflikt auszusetzen, und reden sich selbst ein, dass der Streitaufwand *„nur* wegen der paar Teller, die es aus der Küche wegzuräumen gilt, oder *nur* weil er das Kind nicht von der Krippe holt", nicht lohnt. Viele Frauen haben eine Meisterschaft darin entwickelt, sich mit nahezu unzumutbaren Situationen zu arrangieren, allein damit der Partner möglichst nicht in seiner gewohnten Komfortzone gestört wird.

Frauen sollten aber lernen, sich nicht als Alleinverantwortliche für das Wohlergehen des Kindes zu sehen. Sie haben das Kind schließlich auch nicht allein gezeugt.

Wer den Partner zum Mithelfen bewegen will, muss mit ihm sprechen. Oft sind viele Gespräche nötig, um sich mit dieser neuen Sichtweise vertraut zu machen. Vor allem offenen und intelligenten Männern gelingt es in der Regel viel schneller, sich mit einem neuen Rollenverständnis anzufreunden, das ja auch ihnen sehr viel mehr Spielraum für ihre Entfaltung einräumt. Denn auch viele Männer sind nicht mehr bereit, dem Bild des starken Mannes zu entsprechen, der alles mit Härte überspielt, erträgt und aushält.

Ist die mentale Ebene so weit bearbeitet, dass neue Verhaltensweisen erprobt werden können, sollte als Erstes der gesamte Ablauf des täglichen Lebens unter die Lupe genommen werden. Also: Alle anfallenden Aufgaben, die zur Versorgung und Pflege des Kindes nötig sind, sowie die sonstigen alltäglichen Arbeiten auflisten. Solange das Baby noch gestillt wird, übernimmt der Mann zwei Drittel und die Frau ein Drittel aller übrigen Arbeiten, die mit dem Kind zu tun haben, und nach dem Abstillen je zur Hälfte. Während der Stillphase ist der Mann für den Haushalt allein verantwortlich, das heißt, er sorgt dafür, dass immer genügend Windeln da sind, dass der Kaffee nicht ausgeht usw. Wenn er selbst nicht waschen und putzen möchte, sucht er nach einer Hilfe, die diese Arbeiten erledigt. Er ist dafür zuständig, dass das Essen auf den Tisch kommt – für viele Männer eine echte Herausforderung.

Wer aber in der Partnerschaft dem Problem begegnet, dass die Partnerin nach der Geburt keine Lust mehr auf Sex hat, muss weder ein Buch über Sexpraktiken lesen noch einen Tantra-Kurs besuchen, sondern einen Koch- und Hauswirtschaftskurs absolvieren.

Der Mann wird also in einem solch entlastenden Arrangement sehr stark gefordert. Im Gegenzug könnte die Frau bereits wieder so viel Luft zum Atmen bekommen, dass sich ihre ganz natürlichen Bedürfnisse nach Sex erneut einstellen.

Aber es ist noch etwas anderes wichtig. Geben Sie Ihr Kind – auch wenn es nur für wenige Stunden ist – immer wieder in fremde Obhut. Unternehmen Sie etwas als Paar – ganz ohne Kind, damit sich beide vom täglichen Dauerstress befreien können. Nichts ist schöner, als sich nach anstrengender Zeit als ein Paar ohne Verpflichtungen zu fühlen. Und für jedes Kind ist ein Aufenthalt in einer anderen Umgebung und mit anderen Bezugspersonen eine zusätzliche, bereichernde Erfahrung, vor allem wenn das Babysitting kontinuierlich wiederholt wird.

Für ein Paar, das in dieser Weise versucht, sich um die abhanden gekommene sexuelle Lust zu kümmern, wird sich das Problem von selbst lösen.

Symbiose

Du und ich sind eins

	Ja	Nein
– Treffen Sie Entscheidungen oder vereinbaren Sie Termine und Verabredungen, die Sie als Paar gemeinsam betreffen, ohne vorher mit Ihrem Partner oder Ihrer Partnerin gesprochen zu haben?	○	○
– Wissen Sie bereits im Voraus, was Ihr Partner oder Ihre Partnerin über etwas denkt, was er sagt und wie sie sich verhalten wird?	○	○
– Denken Sie meistens in Wir-Form und haben sich als Einzelwesen bereits vergessen?	○	○

Falls Sie dreimal mit einem überzeugten Ja geantwortet haben: Vorsicht! Sie haben sich längst das Hoheitsgebiet Ihres Partners oder Ihrer Partnerin einverleibt und verfügen diktatorisch über fremdes Territorium. Es gibt keine Grenze zwischen Ihnen und Ihrem Partner, Sie leben wie ineinander gestülpte Eierkartons und haben Ihre Identität längst aufgegeben.

Falls Sie wenigstens einmal mit Nein geantwortet haben: Es besteht noch die Chance, das Steuer rechtzeitig herumzureißen.

Zwischen Christa und Thomas hat es schon im ersten Augenblick gefunkt. Sie eine unkonventionelle und risikofreudige Besitzerin einer Kleintierhandlung, er ein gewissenhafter, ordnungsliebender Angestellter in einer Gemeindeverwaltung. Sie könnten gegensätzlicher nicht sein.

Zu Beginn ihrer Beziehung haben sie viel Spaß aneinander, sie lachen viel und verbringen jede freie Minute zusammen. An Christa gefällt Thomas besonders ihr heiteres, unkompliziertes Wesen; ihre Art, mit Menschen und Tieren umzugehen, fasziniert ihn. Sie war über längere Zeit arbeitslos. Obwohl sie einen Bürolehrgang absolvierte, fand sie keine Stelle. Und während sie fleißig Bewerbungen tippte, vermehrten sich ihre in Badezimmer und Küche untergebrachten Angora-Zierhasen, Wellensittiche, Mäuse, Goldhamster und Fische aller Art mit derartiger Geschwindigkeit, dass alle Freundinnen und Freunde mehrfach mit Nachkommen beglückt wurden.

Irgendwann aber war der gesamte Freundes- und Bekanntenkreis mit Kleintieren eingedeckt. Der Tierbestand indessen vermehrte sich ungeniert weiter. Bereits standen im Schlafzimmer weitere Behältnissse, Eimer und Käfige, um die sich ständig vermehrende Fauna gegen den menschlichen Wohnraum abzugrenzen.

In einer schlaflosen Nacht kommt ihr die Idee, aus der Not eine Tugend zu machen und eine Tierhandlung zu eröffnen. Ohne einen Groschen beginnt sie, ein Geschäft aufzubauen, zuerst in einem Abstellraum einer Druckerei, später mietet sie sich ein leer stehendes Lokal. Inzwischen hat sie es geschafft. Der kleine Betrieb entwickelt sich prächtig, sie liebt den Umgang mit den Tieren, berät die Kunden und ist mit vollem Herzen bei ihrer Arbeit. Christas heiteres Gemüt und ihre Arbeitsfreude wirken auf Thomas sehr ansteckend, und so weicht er auch samstags nicht von ihrer Seite. Zunächst hilft er ihr beim Verkauf und jagt hinter Goldhamstern und

Wellensittichen her, um sie für die zukünftigen Besitzer einzufangen. Aber schon bald beginnt er, auch sonst nach dem Rechten zu schauen. Obwohl es in dem kleinen Laden ziemlich chaotisch zugeht, funktioniert immer alles reibungslos. Thomas aber ist der Meinung: „Das ist ja ganz schön. Aber auf diese Weise ist langfristig kein Geschäft zu führen." Christa müsse es ganz anders machen. Er beginnt, systematisch alles umzustrukturieren, zu ordnen, und selbstverständlich übernimmt er auch den kaufmännischen Bereich, obwohl die Büroarbeit für Christa eine interessante Abwechslung ist. Er spricht bald nur noch von „unserem" Geschäft, und es dauert nicht lange, bis Christa ihren unternehmerischen Schwung verliert und gleich danach auch die Freude an Thomas.

Vielen Paaren geht es wie Christa und Thomas: Sie landen in der Enteignungsfalle. Einer der beiden – oder aber auch beide – haben nur noch ein Ziel: zu einer Einheit zu verschmelzen – möglichst für immer und ewig, Tag und Nacht, in allem, was sie tun und denken. Auch wenn wir die Erfahrung machen müssen, dass sich dieser Wunsch nicht erfüllen lässt, streben wir dennoch unermüdlich nach dem Unerreichbaren. Gerade in der Sexualität wird uns eine sehr eindrückliche Lektion erteilt: Im Moment des Orgasmus erleben wir eine winzige Ahnung ozeanischen Einsseins. Ein paar Atemzüge des Ineinanderfließens, des Gefühls, eins zu sein. Mehr nicht! Und dann fallen wir wieder zurück, jeder in seine Vereinzelung. Der Traum vom „Einssein" ist nur ein kurzer, ein rasch vorübereilender Augenblick, und dann fallen wir wieder auf uns selbst zurück.

Aber jede Weigerung, zur eigenen Identität zurückzukehren, wird dazu beitragen, dass wir uns über die Zeit hinaus auf fremdem Hoheitsgebiet aufhalten. Wir betrachten das Fremde als das Eigene, was dazu führt, dass wir einander enteignen, uns den anderen eingemeinden oder gar psychisch einverleiben. Eines Tages wissen wir nicht mehr, wo der eine aufhört und die andere beginnt.

Eignen wir uns einfach das fremde Territorium an, könnte es durchaus sein, dass wir irgendwann als verhasste Kolonialmacht aus dem Land gejagt werden. Wenn wir uns aber angewöhnen, auch bei unseren Partnern und Partnerinnen das Gastrecht nicht zu missbrauchen, haben wir die wichtigsten Bedingungen erfüllt, damit sich der Respekt vor der Welt des anderen dauerhaft in einer Partnerschaft einrichten kann.

Um die Anziehung zwischen zwei Polen zu gewährleisten, ist gerade die Partnerliebe darauf angewiesen, dass das Gegensätzliche, das Andere, die Differenz erhalten bleibt und der Spannungsbogen zwischen dem Ich und Du nicht erlahmt. Sonst fällt es uns schwer, zwischen dir und mir zu unterscheiden, zwischen deiner und meiner Stimmung, zwischen deinen und meinen Wünschen. Und plötzlich landen wir in einer formlosen, teigigen Masse, die wir als ein Wir bezeichnen. Die Angleichung endet in der Langeweile, im Überdruss. Je mehr wir uns ähnlich werden, umso unmöglicher ist es, uns von der Andersartigkeit des Partners oder der Partnerin abzuheben. Und somit bleibt die Anziehung auf der Strecke.

Zu Beginn einer Freundschaft sind wir vom Fremdartigen, vom Unbekannten des Partners fasziniert. Wir suchen in der Regel neben Vertrautem vor allem das, was wir selbst nicht haben, was uns fehlt. Und wie dies in heterosexuellen Beziehungen auf der körperlichen Ebene sehr anschaulich zum Ausdruck kommt, so lässt es sich auf der psychodynamischen Ebene ebenso erkennen. In gleichgeschlechtlichen Verbindungen wird es besonders deutlich, wie die Anziehung und Spannung im Psychogramm der Partner auf Gegensätzlichkeit und Ergänzung zielen. Der psychodynamische Aspekt in einer Partnerschaft lässt an Folgerichtigkeit nichts zu wünschen übrig. Ein zurückhaltender, eher verschlossener Mensch wird magnetisch von jemandem angezogen, der auf andere offenherzig zugeht. Ein nachdenkliches Gemüt sucht in der Heiterkeit des anderen den komplementären Geist.

Der andere oder die andere ergänzt das Fehlende. Wir sind ganz offensichtlich daraufhin angelegt, dass wir uns jene Eigenschaften, die wir in uns nicht erschlossen haben und zum Einsatz bringen können, beim Partner oder bei der Partnerin ausborgen. Dadurch erleben wir in der Phase des Verliebtseins das Gefühl, ganz, rund, intakt und vollkommen zu sein. Dieses Gefühl ist derart allumfassend, dass es gern mit Metaphern wie „Wir schweben im siebenten Himmel" oder „Wir sind im Paradies" umschrieben wird. Dieses Gefühl hält in der Regel nicht allzu lange an – wie die meisten von uns wissen.

Oft können wir schon nach relativ kurzer Zeit eine Umpolung der Gefühle feststellen. Und oft entdecken wir sogar, dass uns genau das nervt, was uns einst in Bann geschlagen hat. Nun muss man sich fragen, zu welchem Zeitpunkt sich Wohlgefallen allmählich in Missvergnügen verwandelt.

Die Umpolung der Gefühle erfolgt als logische Konsequenz in jedem Moment, wo wir den Partner oder die Partnerin als unseren Besitz betrachten und uns zum Herrscher oder zur Herrscherin über fremdes Eigentum aufschwingen. Die paradiesischen Gefühle des Verliebtseins enden mit der Enteignung. Denn jede Besitzergreifung ist eine unzulässige Einmischung in die Persönlichkeitsrechte eines anderen Menschen. Die Partnerschaft ist kein Eintopfgericht, in welchem alles ungestraft miteinander vermanscht werden kann. Es ist ein großer Irrtum anzunehmen, in der Partnerschaft könnten wir die Eigenständigkeit aufgeben und zu einer Einheit zusammenwachsen.

Das Aufgeben der Ich-Du-Achse hat unweigerlich zur Folge, dass wir den Partner oder die Partnerin psychisch vereinnahmen, und das bedeutet, das wir uns künftig nicht nur um die eigenen Belange zu kümmern haben, sondern auch noch um das „Dazugewonnene". Da gibt es viel zu tun: Es wird aufgeräumt, sauber gemacht, umgestaltet und so richtig in die Persönlichkeit des anderen eingegriffen.

Haben wir erst einmal am Partner oder der Partnerin so lange herumgeschliffen und gemeißelt und uns so gebärdet, als ob es unsere eigene Person wäre, haben wir uns selbst die Grundlage für jegliche Anziehung und Faszination entzogen. Mit derartigen Übergriffen schießen wir ein perfektes Eigentor.

Das Eigenartige an der Liebe ist, dass sie nur dort gedeiht, wo sie sich wie eine Brücke zwischen zwei Menschen ausspannt. Rücken wir zu nah aufeinander, kracht der Spannungsbogen zusammen.

Wie kommen wir aus dieser Falle heraus? Die Lösung beginnt im Kopf. Umdenken, begreifen lernen, dass wir in Beziehungen nur als Paar überleben können, wenn sich jeder auch als selbstverantwortliches Einzelwesen versteht, sich selbst handelnd entfalten kann und wir uns gegenseitig Raum für eigene Aktivitäten und eine eigene Lebensgestaltung mitsamt einer individuellen Entwicklung zugestehen.

Das heißt, dass wir uns vor allem darin üben sollten, Respekt vor der Welt des anderen zu haben, denn: Deine Welt ist nicht meine Welt. Dazu gehört auch, dass wir nicht ungefragt in die inneren Räume des Partners oder der Partnerin eindringen, in seiner oder ihrer Seele herumlatschen, über die Innengestaltung verfügen, sie derart verändern und umstellen, als ob es sich um unser eigenes Reich handelte. Sind wir irgendwo zu Gast, nehmen wir auch nicht alle Bilder von den Wänden, die uns nicht gefallen, und werfen die in unseren Augen geschmacklose Polstergruppe aus dem Fenster. Wir respektieren den persönlichen Geschmack des Gastgebers – auch wenn wir die Einrichtung nicht besonders schön finden.

Vielleicht kann uns die Vorstellung helfen, dass der Partner oder die Partnerin immer ein eigenständiges Wesen bleibt und ein eigenes Leben hat. Sie ist eine hervorragende Möglichkeit, wieder zu lernen, den Partner oder die Partnerin als ein eigenes und unbekanntes Du zu sehen, eines, das sich mir nie ganz erschließen wird, dessen ganzes Wesen mir letztlich immer ein Rätsel bleiben wird. Mit einer solchen Einstellung werden wir kaum in der Langeweile landen, sondern lassen uns immer wieder neu begeistern und faszinieren. So bleiben wir am anderen interessiert, sind neugierig auf ihn und achten äußerst aufmerksam auf alles.

Zudem erhalten wir ganz nebenbei noch einen tiefen Einblick in das eigene Psychogramm. Denn der andere repräsentiert mit seinen speziellen Eigenschaften, Verhaltensweisen und all dem, was er hat, das, was uns fehlt. Wir könnten also durch die Begegnung mit dem Gegensätzlichen, das von der anderen Person zur Darstellung kommt, lernen, in uns selbst jene ungelebten Gebiete zu erforschen und sie allmählich zu besiedeln und zu beackern, damit sie fruchtbar werden.

Der Sinn der Partnerschaft ist nicht, den Wahrnehmungs- und Aktionsradius einzuschränken und allmählich zu verarmen, sondern durch die Auseinandersetzung mit der anderen Person an innerem Reichtum dazuzugewinnen und den Handlungsspielraum zu vergrößern.

Trennung

 **Ich hätte dich längst verlassen sollen**

	Ja	Nein
– Soll eine Liebesbeziehung, in der sich beide nur noch nerven oder anöden, so schnell als möglich beendet werden?	○	○
– Sollen Eheleute, auch wenn sie sich voneinander abwenden und sich nichts mehr zu sagen haben, trotzdem von einer Scheidung absehen?	○	○
– Soll eine Ehe vor allem der Kinder wegen – auch bei großen Schwierigkeiten – aufrechterhalten werden?	○	○

Wenn Sie eine einzige Frage mit Ja beantwortet haben, gehen Sie davon aus, dass die Psyche des Menschen mit dem Verstand zu regeln ist. Selbst wenn Sie im Alltag immer wieder die Erfahrung machen, dass diese Annahme keineswegs stimmt, fällt Ihnen eine Korrektur äußerst schwer. Die große Problematik liegt darin, dass Sie den gesamten Gefühlsbereich als wichtigsten Impulsgeber für das Gelingen einer Partnerschaft ausklammern.

Eine Beziehung ist aber ein lebendiger Organismus. Sie lässt sich weder festlegen, programmieren noch mit dem Verstand bestimmen. Jeder Versuch, zwischenmenschliche Beziehungen in vorgefertigte Verhaltensschablonen zu pressen, muss scheitern. Beziehungen sind wie Pflanzen. Sie benötigen Luft zum Atmen und viel Raum, damit sie wachsen und gedeihen können.

Adelheid und Ernst sind seit zweiunddreißig Jahren verheiratet. Die Ehe war für beide nie mit allzu großen Wonnen verbunden, außer vielleicht in den ersten Monaten, aber hinterher flauten die Gefühle ziemlich schnell ab. Ernst, ein fleißiger Werkmeister, erledigte pflichtbewusst seine Arbeit und sorgte für seine Familie. Adelheid ihrerseits hielt den Haushalt in Ordnung. Es gab wenig Abwechslung oder Unterbrechung in dem monotonen Alltag. Den Urlaub verbrachte man zu Hause. Das kleine Haus wurde dann von oben bis unten ausgemistet und geputzt.

Inzwischen haben sie sich an diesen freudlosen Zustand miteinander gewöhnt. Ihre Gespräche haben einen leichten, kaum hörbaren Unterton von Resignation, der gelegentlich von leicht aufkeimender Bitterkeit begleitet ist. Die beiden erwachsenen Töchter, ebenfalls verheiratet, kommen von Zeit zu Zeit zu Besuch. Die Atmosphäre ist zwar höflich, aber doch unterkühlt, und selbst die sehr aufgeweckten Enkel vermögen mit ihrer fröhlichen Herzlichkeit das Klima nicht zu erwärmen. Man hat sich damit abgefunden. Es ist eben so. An Scheidung wurde nie gedacht.

Nun hat sich von einem Tag auf den anderen alles verändert. Adelheid stolpert in der Stadt beim Einkaufen in einen alten Schulfreund. Es gibt viel zu erzählen. Fred, seit vier Jahren verwitwet, verliebt sich auf der Stelle in die alte Freundin, und auch Adelheid bleibt von dieser Begegnung nicht unberührt. Sie treffen sich regelmäßig. Bei Adelheid brechen allmählich all die ungelebten, seit Jahren unter Verschluss gehaltenen Gefühle auf. Bis sie nur noch eines will: immer mit Fred zusammensein. Sie verlässt ihren Mann und reicht die Scheidung ein. Noch bevor es aber dazu kommt, macht Fred einen Rückzieher und zieht sich aus der Beziehung zurück. Adelheid ist darüber bitter enttäuscht. Trotzdem geht sie ihren Weg weiter: „Ich bin zwar schon sechsundfünfzig, aber ich bin nicht mehr bereit, auf mein Leben zu verzichten. Schade, dass ich nicht schon eher gegangen bin."

Wenn wir in einer Partnerschaft unglücklich sind, wird uns die Frage, ob wir uns nicht besser trennen sollten, oft beschäftigen und vielleicht schlaflose Stunden bescheren. In vielen Fällen taucht sie in verschiedenen Lebensphasen sporadisch immer wieder auf, manche werden bis zum Ende ihres Lebens damit konfrontiert und finden selbst im hohen Alter immer noch nicht die richtige Antwort. Gerade in reiferen Jahren kann es dann dazu kommen, dass sich Reue einschleicht, nicht schon längst eine klare Entscheidung gefällt zu haben. In der Folge geraten wir in einen Teufelskreis von Selbstbezichtigung und dem Versuch, plausible Erklärungen zu finden, um die Unfähigkeit, einen Schlussstrich zu ziehen, zu begründen. Sätze wie etwa „Wäre ich nur nicht so blöd gewesen" bringen im Nachhinein nichts, vor allem tragen sie in keiner Weise zu einer Veränderung der aktuellen Situation bei, sondern setzen dem bereits angeschlagenen Selbstwertgefühl noch mehr zu. Mit solchen Selbstbeschuldigungen sägen wir an dem Ast, auf dem wir sitzen.

Für die meisten Menschen sind Trennung und Scheidung ein fundamentaler Einschnitt in ihrem Leben; viele empfinden das Auseinandergehen als eine der größten vorstellbaren Katastrophen. Nicht nur für jene, die selbst nie eine derartige Krise zu bewältigen hatten, sondern auch für die Betroffenen selbst ist es schwer zu verstehen, weshalb ausgerechnet eine Trennung einem derart zusetzen kann.

In einer Liebesbeziehung – ob mit oder ohne Trauschein, ob gleich- oder gegengeschlechtlich – werden in der Regel unsere tiefsten seelischen Schichten angesprochen. Selbstverständlich spielen Erotik und Sexualität eine Rolle. Darüber hinaus aber sind auch noch andere Erlebensqualitäten von größter Bedeutung: Wir fühlen uns dem anderen aufs Innigste verbunden, verstanden, sind ihm nah und erleben seelische Intimität. Wir fühlen uns beim anderen aufgehoben, beschützt und geborgen und erleben uns beim Partner oder der Partnerin auf heimatlichem Boden. Er ist der Grund, auf dem wir uns zu Hause fühlen, wo uns nichts Schlimmes zustoßen kann. Es geht hier um die elementarsten menschlichen Bedürfnisse, die früher weitaus stärker und unproblematischer in einer religiösen oder lebensphilosphischen Ausrichtung abgedeckt worden sind. In unserer heutigen Zeit ist es vielen nur mit Mühe oder überhaupt nicht mehr möglich, einen einigermaßen zufriedenstellenden Zugang zu diesen für das menschliche Wesen wichtigsten Quellen zu finden. Und so wird unbewusst unser Bedürfnis nach Beheimatung und einem vertrauten, beschützenden Zuhause auf die Lebenspartner und -partnerinnen übertragen, die aber mit einer derart anspruchsvollen Aufgabe hoffnungslos überfordert sind.

Bei einer Trennung droht uns also nicht nur der Verlust des Partners oder der Partnerin, sondern darüber hinaus das weitaus schlimmere Übel, nämlich unserer Heimat verlustig zu gehen. Wir befürchten, dass uns mit der Trennung und Scheidung vom Partner oder von der Partnerin der sichere Boden buchstäblich unter den Füßen weggezogen wird. Menschen, die sich getrennt haben, berichten: „Ich bin in einer ständigen Angst, mein Herz pocht, die Knie zittern" oder: „Ich fühle mich nur noch halb. Es ist, als ob mir eine Hälfte herausgeschnitten worden wäre."

Die Befürchtung, bei einer Trennung heimatlos zu werden, ist auch bei Menschen festzustellen, die in der Partnerschaft alles andere als ihr Glück gefunden haben, sondern stets in Streitereien und gegenseitige Angriffe verstrickt waren. Denn selbst ein äußerst ungastliches Beziehungsterritorium kann zur Heimat werden, auch bei noch so vielen erfahrenen Verletzungen und Kränkungen. Der heimatliche Grund wird nicht einfach aufgegeben. Kinder, die nicht in einem freundlichen und liebevollen Elternhaus aufwachsen, sondern in einer Familie, wo Gewalt, Ablehnung und größte Verunsicherung herrschen, versuchen ebenfalls, sich damit zu arrangieren. Wie auch immer die familiäre Konstellation beschaffen ist: Kinder erleben sie als ihr Zuhause und deklarieren sie als ihre Heimat. Wenn wir als Erwachsene in ähnlich schwierige Verhältnisse geraten, wird zunächst die Erinnerung mobilisiert: Dies ist meine Heimat, hier bin ich daheim.

So stellt sich für viele, die in problematischen Beziehungssituationen leben, nicht in erster Linie die Frage, ob ein Dasein ohne diesen Lebensgefährten vorstellbar ist, sondern ob wir in der Lage sind und es wagen können, den heimatlichen Boden aufzugeben. Wenn wir tief in uns ein unerschütterliches Grundvertrauen tragen und das Wissen, dass „Heimat" nicht von einem bestimmten Partner abhängt, sondern etwas ist, das letztlich im eigenen Inneren gefunden werden muss, dann werden wir uns leichter von Partnern und Partnerinnen trennen können. Für die meisten Menschen ist dies ein langer Prozess vieler leidvoller Erfahrungen und Lebenskrisen, die uns durch die Verarbeitung immer näher an den eigentlichen Kern unseres Daseins und unserer inneren Heimat heranführen. Es ist eine Entwicklung, die sich nicht selten über Jahrzehnte hinzieht.

Deshalb sind sämtliche Selbstvorwürfe, nicht früh genug konsequent gewesen zu sein und eine Ehescheidung durchgezogen zu haben, nicht nur völlig überflüssig, sondern im höchsten Maße selbstschädigend. Wir verhalten uns in der Regel nach unseren besten Möglichkeiten, die uns zur Verfügung stehen. Und wir können folglich nicht etwas tun, wozu wir noch nicht fähig sind, sondern wählen die Lösung mit den geringsten wie auch verkraftbaren Nebenwirkungen.

Der Gedanke an eine Trennung ist meist mit einem langen Abwägungsprozess verbunden; bei einem möglichen Entschluss dazu dürfen wir uns von niemandem zur Eile drängen lassen.

Zuerst sollten wir gewissenhaft prüfen, ob wir tatsächlich alles unternommen haben, um der Gemeinschaft eine echte Chance zu geben, wie beispielsweise gemeinsam mit dem Lebensgefährten oder der Lebensgefährtin eine Ehetherapie zu machen. Gespräche mit Freundinnen und Bekannten ersetzen keine Therapie, können aber durchaus eine therapeutische Wirkung haben. Ein mögliches Resultat solcher Gespräche kann ein größeres Verständnis füreinander sein, aber nur dann, wenn die das Gespräch begleitenden Personen für keine Seite Partei ergreifen und sich mit Wertungen und Ratschlägen zurückhalten. Passiert das allerdings nicht, wirken sich derartige Aussprachen eher kontraproduktiv aus.

Dann sollten wir uns grundsätzlich fragen, ob ein weiteres Zusammenleben überhaupt noch zumutbar ist. Wenn uns die Lebensfreude abhanden kommt, wenn es uns nicht mehr gelingen will, immer wieder Lebenslust aufzutanken, weil alles um uns herum nur noch als trist empfunden wird, dann sollten wir uns ernsthaft mit einer Trennung befassen.

Dabei steht natürlich an erster Stelle, dass wir uns um unsere persönliche innere Situation kümmern und in uns nachforschen, ob wir ein stabiles Grundvertrauen in das Leben entwickelt haben. Wer eine schwierige Radtour starten will, bereitet sich schließlich auch mit größter Sorgfalt darauf vor. Wir überlegen, ob wir überhaupt körperlich in der Lage sind, diese Strapazen durchzustehen. Und falls wir gerade einen Beinbruch hinter uns haben, werden wir uns Derartiges nicht zumuten. Vielleicht fühlen wir uns im Moment einfach noch zu schwach, um eine Trennung oder Scheidung durchziehen, und müssen das Vorhaben vertagen. Vielleicht aber brauchen wir auch dringend unterstützende Begleitung von fachkundiger Seite. Es ist ein differenziertes Abwägen der vorhandenen Kräfte und Möglichkeiten notwendig, damit wir uns nicht überfordern und uns noch zusätzliche Lasten aufbürden.

Wenn wir hingegen feststellen, dass wir trotz der schwierigen Verhältnisse gelernt haben, uns besser gegen negative Einwirkungen zu schützen, und dabei gleichzeitig immer mutiger im Aufspüren und Umsetzen eigener Impulse werden, also eine Steigerung der Kräfte bei der Lebensbewältigung erfahren haben, dann lohnt es sich zu bleiben, vielleicht vorläufig, vielleicht für immer.

Als weiteren Schritt sollten wir unser inneres Wertesystem durchchecken und nach Glaubenssätzen fahnden, die uns von vornherein auf eine bestimmte Sichtweise festlegen und uns daran hindern, einen vernünftigen Entschluss zu fassen. Am besten schreiben wir alles auf, was wir über Scheidung, über die Situation von Geschiedenen denken. Dann ist jeder einzelne Satz kritisch zu hinterfragen und an der Realität zu überprüfen.

Da zeigt es sich schnell, welche Vorurteile wir in uns tragen. Fragen wir zum Beispiel: „Soll ich flüchten oder standhalten?", können wir bereits in der Formulierung eine eindeutige klare Bewertung der Position ausmachen, die unsere Entscheidungen beeinflusst und unter Umständen völlig blockiert.

Weitere Fragen können sein: „Stimmt es tatsächlich, dass ich mich finanziell allein nicht über Wasser halten kann?" Diese Frage ist nicht mit Freundinnen in stundenlangen Gesprächen zu erörtern, sondern lässt sich am besten mit Hilfe eines Anwalts oder einer Anwältin und mit vorgelegten Fakten und Zahlen beantworten.

Noch immer geistert die Vorstellung wie ein Gespenst herum, dass Kinder von Alleinerziehenden (wie ja auch grundsätzlich von arbeitenden Müttern) Schulschwierigkeiten bekommen, einen schlechten Charakter entwickeln, drogenabhängig werden, als Jungen irgendwann kriminell werden und als Mädchen in der Prostitution landen. Oft hängt diese Befürchtung wie ein Damoklesschwert über allem und verunmöglicht jedes Entwickeln von realisierbaren Zukunftsperspektiven nach einer Scheidung. Da allein mit statistischen Zahlen diesem tief verankerten Vorurteil nicht beizukommen ist, lohnt sich die persönliche Recherche. Das Zusammentragen biografischer Daten von Menschen, die wir kennen, relativiert bereits die lähmende Angst. Da entdecken wir in unserem Bekanntenkreis Fabrikarbeiterinnen, Zeitungsverkäufer, Bankdirektoren, kaufmännische Angestellte, Krankenschwestern und Managerinnen, welche die Erfahrung, in einer Einelternfamilie groß geworden zu sein, hinter sich haben und dennoch nicht missraten sind. Diese Fakten holen uns dann schnell auf den Boden der Realität zurück, wenn wir feststellen, dass in solchen Fällen kein einheitlicher Trend festzustellen ist. Wir erfahren, dass Drogenabhängige und Rechtsextreme nicht nur aus verwahrlosten, sondern auch aus so genannten „geregelten" Verhältnissen stammen, und dass ihre Eltern sowohl geschieden sind als auch Silberne oder gar Goldene Hochzeit gefeiert haben. Und vor allem können wir feststellen, dass Verwahrlosung in keiner Weise mit der Berufstätigkeit der Mutter in einem Zusammenhang steht. Der elterliche Berufsstand sowie ihr Zivilstand ist nicht der maßgebende Faktor für ein gutes Gedeihen der Kinder. Viel wichtiger ist es, ob die Eltern in der Lage sind, für sich selbst eine befriedigende Daseinsqualität zu entwickeln und aus dieser Zufriedenheit heraus die Kinder interessiert und liebend zu beantworten, zu begleiten und zu fördern.

Werden unglückliche Ehen bis zum Flüggewerden der Kinder aufrechterhalten, ist die Gefahr groß, dass für das erbrachte Opfer wenigstens „eine Entschädigung" erwartet wird. Manchmal werfen Väter und Mütter ihren Kindern unverhohlen vor: „Deinetwegen habe ich all die Jahre durchgehalten!" Kinder wehren sich in der Regel, und dies zu Recht. Eine solche Bezichtigung ist ein unzulässiges Abschieben der elterlichen Verantwortung auf die Schultern der Kinder und ist Ausdruck dafür, dass sich die Eltern weiterhin weigern, endlich erwachsen zu werden. Außerdem trägt eine derartige Lebenseinstellung wesentlich dazu bei, dass der Moment für eine Trennung verpasst wird.

Für religiöse Menschen gibt es eine besonders harte Nuss zu knacken, nämlich den Satz: „Was Gott zusammengefügt hat, soll der Mensch nicht trennen." Einmal mehr muss „der liebe Gott" für etwas herhalten, das allein in der Entscheidung der Menschen liegt, vor allem in einer Gesellschaft wie der unseren, in der sich viele Menschen weigern, die Folgen für das eigene Handeln mit aller Konsequenz zu tragen. In unserer Kultur wählen Ehepartner einander nach ihren persönlichen Vorlieben selbst aus und hoffen dann auf einen künftigen „göttlichen Segen". Ob unsere Wahl der göttlichen Instanz gefällt oder nicht, interessiert uns herzlich wenig. Eines Tages erscheinen wir aufgeräumt vor dem Altar und sagen: „Hallo, hier sind wir. Gib uns deinen Segen." Sich später auf ein göttliches Auswahlverfahren zu berufen, das nie mehr aufgelöst werden kann, ist ziemlich vermessen.

Die Entscheidung, ob wir gehen oder bleiben, kann nur von uns selbst getroffen werden. Auf jeden Fall kann der Entschluss nicht von heute auf morgen fallen. Eine Beziehung aufzugeben, sich zu verabschieden von einem Menschen, der einem sehr nahe gestanden hat, ist ein lange andauernder Entwicklungsprozess. Eine Entscheidung reift ebenso langsam wie eine Frucht. Erst wenn es an der Zeit ist, löst sie sich mühelos vom Baum.

Wünsche

 **Wenn du mich wirklich liebst, solltest du wissen, was ich mir wünsche**

	Ja	Nein
– Gehen Sie davon aus, dass Lebenspartner voneinander alle Wünsche kennen sollten, auch solche, die nie ausgesprochen worden sind?	○	○
– Werten Sie es als Zeichen mangelnder Liebe, wenn ein Partner oder eine Partnerin ein Geschenk ausgesucht hat, das dann nicht gefällt?	○	○
– Ist für Sie ein Geschenkvolltreffer gleichbedeutend mit einem Liebesbeweis?	○	○

Falls Sie einmal oder mehrmals mit Ja geantwortet haben: Sie verknüpfen zwei grundsätzlich verschiedene Dinge, die absolut nichts miteinander zu tun haben. Sie bewerten und beurteilen die Liebe eines Menschen nach seiner Fähigkeit, geheime Wünsche des Partners oder der Partnerin hellsichtig von den Augen ablesen zu können. An einem solchen Maßstab gemessen, schneiden viele unbefriedigend ab und geraten in ein Netz nur schwer zu widerlegender Verdächtigungen.

Dahinter steckt eine die Partnerschaft schwer belastende Beziehungsphilosophie: Je besser wir Unausgesprochenes erraten können, um so größer und echter die Liebe.

Wer einer Beziehung solche Vorstellungen aufbürdet, muss damit rechnen, dass sich das Betriebsklima in der Partnerschaft zunehmend verschlechtert. Vor allem sind Weihnachten, Geburts- und Hochzeitstage besonderer Zündstoff. Erwartungen und Wünsche, die in der Luft liegen, sorgen für Höchstspannungen. Die Schenkenden spüren, dass die Liebe daran geprüft wird, ob das richtige Geschenk gewählt wurde. Die Liebe kann noch so ungebrochen, wahrhaftig, innig und groß sein: Sie wird den Erwartungen niemals genügen können.

Corinna ließ sich nach fünf Ehejahren von ihrem ersten Mann scheiden. Sie war überzeugt, dass dieser Mann sie nicht genug liebte. Den Beweis dafür lieferte er ihr schließlich selbst, denn mit seinen Geschenken griff er regelmäßig daneben. Entweder übergab er ihr eine in letzter Minute gekaufte Schachtel Pralinen oder sonst irgendetwas, das sie geradezu als Beleidigung empfand. Nachdem er sie bereits zum zweiten Mal mit einem Kriminalroman bedachte – obwohl sie ausschließlich Romane las –, war Corinna zutiefst gekränkt, vermied es aber, mit ihm darüber zu sprechen. Als Gipfel seiner „Beleidigungen" empfand sie dann den Staubsauger, den er ihr dann zu ihrem dreißigsten Geburtstag übereignete, ausgerechnet ihr, die alles andere als eine fanatische Hausfrau war. Jetzt hatte sie die Nase voll und reichte die Scheidung ein.

Nun ist sie seit zwei Jahren mit Jürg zusammen. Vor einem Jahr schenkte er ihr zu Weihnachten zu ihrer großen Enttäuschung eine Brotbackmaschine samt Küchenwaage. Das Präsent veranlasst Corinna, ernsthaft an seiner Liebe zu zweifeln. Einmal mehr fühlt sie sich ungeliebt und in ihrer Eigenart verkannt. Zudem muss sie sich nun auch noch mit unförmigen Küchenapparaturen herumschlagen, die in der ohnehin winzigen Küche überall im Weg stehen und von einer Ecke in die andere geschoben werden müssen. Ihren Geburtstag hat er dann auch prompt vergessen, was ihr unter diesen Umständen beinahe noch lieber war, als wieder etwas geschenkt zu bekommen, das ihr nicht nur keine Freude bereitet, sondern sie auch noch ärgert. Nun befürchtet sie aber, dass es am nächsten Weihnachtsfest noch schlimmer kommen könnte. Aber sie hat sich geschworen, bei einem weiteren Fehlgriff seinerseits würde er sie bald wieder los sein. Denn, und davon ist sie überzeugt: „Wenn er mich wirklich liebte – wie er ja stets behauptet –, müsste er doch wissen, was ich mir wünsche."

Corinna wird wahrscheinlich ihre Partner noch häufig

wechseln müssen, bis sie gelernt hat, ihre Wünsche offen auszusprechen oder andere Erwartungen an ihren Partner zu
richten.

Zweifellos gibt es Menschen, die darin sehr begabt sind, un-
ausgesprochenen Wünschen des anderen detektivisch nachzuspüren. Sie achten auf jede hinweisende Äußerung, auf noch
so verschlüsselte nonverbale Signale, ja sie können mit größter Aufmerksamkeit und Akribie herausfinden, was sich andere wünschen. Einige sammeln in einem kleinen Notizbuch
sämtliche jemals zum Ausdruck gebrachten Wünsche der
Liebsten und listen schon im Sommer getreulich alles auf, um
im Winter mit dem richtigen Weihnachtsgeschenk aufwarten
zu können.

Dies trifft vor allem auf Personen zu, die mit einem Psychogramm ausgestattet sind, das generell dem anderen Menschen zugewandt ist. Sie suchen die Nähe zu anderen, sind offen, interessiert, können sich gut in andere einfühlen und sind
sofort bereit, bei Bedarf helfende Impulse zum Einsatz zu
bringen.

Geschlechtsspezifisch können interessante Unterschiede
beobachtet werden. In unserer Kultur gibt es sehr viel mehr
Frauen als Männer mit einer Nähe suchenden Grunddisposi-
tion. Zweifellos sind dafür Sozialisierungsfaktoren zuständig.
Auch heute noch spukt ein Frauenbild in vielen Köpfen
herum, das über Jahrhunderte bestimmend war. Eigenschaften wie Anpassungsfähigkeit, Anspruchslosigkeit, Fürsorg-
lichkeit bis hin zur Selbstlosigkeit gelten noch immer als
weibliche Tugenden. Die Gefahr für Frauen, deren psychische
Entwicklung in diese Richtung erfolgte, ist groß, dass sie sich
zu sehr um die Bedürfnisse des Partners kümmern und dabei
die eigenen vernachlässigen. Solche Frauen hören beim Gegenüber das Gras wachsen und wissen deshalb immer, wie an-

dere sich fühlen, was sie gerne möchten oder benötigen. Entsprechend sind sie in der Regel auch darüber im Bilde, über welche Geschenke der Lebenspartner sich besonders freut.

Partnerschaften gründen meist auf Gegensätzlichkeiten: Der eine hat das, was dem anderen fehlt. Eine dem anderen Menschen zugewandte, sich besonders einfühlende Person wird intensiv von jemandem angezogen, der gegensätzlich gestrickt ist. So zeigt denn die psychische Konstellation des anderen meist die Kehrseite der Medaille, nämlich vor allem Selbstbezogenheit und Eigendrehung um die eigenen Bedürfnisse. Bei dem gesuchten Gegenpol handelt es sich oftmals um distanzierte Menschen, die es möglichst vermeiden, sich auf körperliche und seelische Intimität und Nähe verbindlich einzulassen. Ihre Orientierung erfolgt weitgehend über rationale Überlegungen, während der Gefühlsbereich mit der wichtigen Informationsquelle der intuitiven Erahnung zu wenig Beachtung findet und folglich kaum wahrgenommen werden kann. Ein Mensch mit einem distanziert ausgerichteten Psychogramm hat also nicht nur Mühe, seine eigenen Gefühle wahrzunehmen, sondern es fällt ihm auch äußerst schwer, sich in andere einzufühlen.

Sozialisationsbedingt findet sich das distanzierte Psychogramm sehr viel häufiger beim männlichen Geschlecht. Schließlich steht dem Mann von Anfang an ein viel breiteres Spektrum individueller Entfaltungsmöglichkeiten zur Verfügung und damit die Chance, eigenen Vorlieben nachzugehen und sie zu entfalten. Eigenschaften wie Autonomie, Konkurrenz, Machtstreben, Unabhängigkeit bis hin zur Rücksichtslosigkeit gehören in nicht hinterfragter Selbstverständlichkeit zum männlichen Eigenschaftsinventar.

In Partnerschaften zeigt sich häufig die typische Rollenverteilung: Während die Frau um die Bedürfnisse und das Wohlergehen des Liebespartners kreist, hat er von ihrer Befindlichkeit keine Ahnung. „Ich dachte, unsere Ehe sei gut, bis meine Frau mir sagte, wie sie sich fühlt" lautet ein Buchtitel und trifft den Nagel dieser Beziehungskonstellation auf den Kopf. Es gibt immer wieder Fälle, wo die Frau die Scheidung einreicht und der Mann aus allen Wolken fällt.

Da es vielen Frauen eher leicht fällt, sich in andere einzufühlen, ist es für sie auch nicht schwer, einen Überblick über die Wünsche des Partners zu haben. Sie finden mühelos für den Freund oder Ehemann ein geeignetes Geschenk, über das er sich herzlich freuen kann. Im Gegenzug erwarten sie aber, dass der Partner ebenso über alle ihre verborgenen Wünsche Bescheid weiß. Männer mit einem distanzierten Psychogramm können sich anstrengen, aber dennoch wird es ihnen nicht recht gelingen, sich in die Welt der Partnerin einzufühlen, um ihren geheimen Sehnsüchten nachzuspüren. Trotz intensiver Bemühung landen sie selten einen Volltreffer. Auf Seiten der Frau kommt es dann zu herben Enttäuschungen, und sie fühlt sich ungeliebt.

Die Unfähigkeit, sich in den anderen einzufühlen, hat nichts mit mangelnder Liebe zu tun, sondern mit der Fähigkeit, sich grundsätzlich auf Gefühle einzulassen. Der distanzierte Mann kennt sich weder in seiner eigenen Emotionalität noch in der Gefühlswelt der Partnerin aus. Unausgesprochene Erwartungen und Wünsche sind für ihn unsichtbare Fallen, in die er hineintappen muss.

Selbstverständlich gibt es diese Partnerkonstellation auch in umgekehrten Geschlechterrollen, wenn auch sehr viel seltener. Da ist der Mann, der sich in die Frau gleichsam empathisch einfühlen kann, ihr jeden Wunsch von den Augen abliest, während es ihr schwer fällt, sich in ihn hineinzudenken. Sie wirkt nach außen kühl und vielleicht sogar abweisend. Solche Männer werden gerne bemitleidet; viele können es kaum fassen, dass ausgerechnet ein derart liebenswürdiger und fürsorglicher Mann mit einer solchen Kratzbürste zusammen ist. Und manche Frau träumt heimlich von diesem Göttergleichen. Wir können aber beruhigt sein: Wenn wir selbst über die Fähigkeit, sich in den anderen einzufühlen, verfügen, fühlen wir uns in der Regel vom blanken Gegenteil angezogen. Deshalb werden wir so lange in derartige Beziehungskonstellationen hineingeraten, bis wir in uns selbst den Gegenpol erschlossen haben.

Wenn wir also eine Beziehung mit einem eher unterkühlten, distanzierten Partner haben, leben wir in einem Lernfeld, das uns sehr förderlich sein kann. Es ist eine gute Möglichkeit, den anderen Pol, der vorwiegend vom Partner gelebt wird, in uns zu erschließen, bis wir ihn selbst umsetzen und leben können.

Dies setzt voraus, dass wir einige uns wahrscheinlich lieb gewordene Gewohnheiten ablegen. Statt uns bei der Freundin über den lieblosen Partner auszujammern und zu beklagen und mit ihr auf den nächsten Faux pas zu lauern, sollten wir die Opferrolle an den Nagel hängen und die Verantwortung für das eigene Glück selbst übernehmen. Mit anderen Worten: Wir werden dadurch erwachsen. Die Position der unzufriedenen, mit zu wenig Liebe beglückten Frau muss aufgegeben werden. Klar, manchmal kleben wir an dieser Rolle, lieben den wohlwehen Schmerz, der hinter der Nasenwurzel kitzelt und uns zur leidenden Größe verklärt. Vielleicht ist das Leidensdasein noch die einzige Möglichkeit, die angestaute Aggression, die Wut, die tief in uns steckt, über die verdeckten Manöver des hilflosen Opferdaseins abzuführen. Wir empfinden möglicherweise eine Genugtuung darin, wenn der Partner ins Fettnäpfchen tritt, und wir hoffen, dass er wenigstens als Strafe für seine Lieblosigkeit vom schlechten Gewissen gepeinigt wird. Doch diese Rechnung geht nicht auf. Menschen mit distanziertem Psychogramm sind in der Regel gegen Schuldgefühle immun. Hören wir also mit dieser Spekulation auf! Zudem verschlingt eine solche Haltung zu viel Energie und entzieht letztlich unserer Beziehung den Boden, auf dem sie steht.

Das heißt, die Bewertungszentrale, in der wir die Liebe des Partners an seinem Geschick messen, ein passendes Geschenk für uns zu finden, endgültig zu schließen.

Wir sollten uns darüber bewusst sein: Unausgesprochene Wünsche sind unfaire Wünsche. Sie locken den Partner aufs Glatteis, auf dem er das Gleichgewicht verliert und ausrutscht.

Von einem Partner mit distanziertem Psychogramm können wir lernen, die eigenen Bedürfnisse und Wünsche ernst zu nehmen, und vor allem, uns für die Umsetzung stark zu machen.

Was würde geschehen, wenn wir unseren Partner einfach daran erinnerten und ihm sagten, welche Wünsche wir haben? Wie würde er reagieren, wenn wir ihm mitteilten: „Übrigens, Schatz, morgen ist ein großer Tag. Ich werde zweiundvierzig. Und ich wünsche mir zweiundvierzig rote Rosen." Die Chance, den Blumenstrauß zu bekommen, ist groß. Und damit wäre die Rolle des armen Opfers endgültig ausgespielt.

Je deutlicher wir sagen, was wir wollen, umso besser gelingt es dem Gefährten, das zu schenken, was wir uns erhoffen. Und wenn wir es bereits verlernt haben, offen darüber zu sprechen, greifen wir doch einfach auf eine vielleicht vergessene Form des Wünschens zurück und schreiben einen Wunschzettel.

So bekommt der andere konkrete Anhaltspunkte. Zugleich ist es ein gutes Training, wieder zu begreifen, wie wichtig es ist, die Sache klipp und klar beim Namen zu nennen.

Literatur

Aivanhov, Omraam Mikhael: Die Sexualkraft oder der geflügelte Drache, Rott-weil [7]1997.

Bach, Georg M./Wyden, Peter: Streiten verbindet. Spielregeln für Liebe und Ehe, Frankfurt/Main 1995.

Beck-Gernsheim, Elisabeth: Was kommt nach der Familie. Einblicke in neue Lebensformen, München [2]2000.

Blatter, Kurt: Gestörte Beziehung – wie weiter? Wenn Ehepartner über ihren Schatten springen, Gießen 1996.

Bliersbach, Gerhard: Halbschwestern, Stiefväter und wer sonst noch dazu gehört. Leben in Patchwork-Familien, Düsseldorf/Zürich 2000.

Bronnen, Barbara (Hrsg.): Lauter Seitensprünge, Ein literarisches Lesebuch, München 1997.

Bronnen, Barbara (Hrsg.): Eifersucht. Die schwarze Schwester der Liebe, München 1995.

Canacakis, Jorgos/Bassfeld-Schepers, Annette: Auf der Suche nach den Regenbogentränen. Heilsamer Umgang mit Abschied und Trennung, München 1994.

Cutter, Rebecca: Wenn Gegensätze sich anziehen. Chaoten und Pedanten in einer glücklichen Beziehung, Frankfurt/ Main 1998.

Daimler, Renate: Warum wir streiten, wenn wir lieben, München 1997.

Felser, Georg: Bin ich so, wie du mich siehst? Die Psychologie der Partnerwahrnehmung, München 1999.

Frevert, Ute: Mann und Weib, und Weib und Mann. Geschlechter-Differenzen in der Moderne, München 1995.

Fromm, Erich: Die Kunst des Liebens, Zürich [4]1998.

Geck, Karl: Erwachsen werden in Liebesdingen. Die neue Kunst der Partnerschaft, Düsseldorf/Zürich 1997.

Gray, John: Männer sind anders, Frauen auch. Männer sind vom Mars, Frauen von der Venus, München 1998.

Hoffmann, Ulrich/Wagner Sibille: Untreu, aber richtig! Kleiner Ratgeber für Seitensprünge, Reinbek bei Hamburg 1997.

Hopper, Anne: Alles über Sex. Wie Sie Ihre Sexualität mit neuer Lust und Freude erfüllen, München 1996.

Jaeggi, Eva/Hollstein, Walter: Wenn Ehen älter werden. Liebe, Krise, Neubeginn, München 1998.

Jellouschek, Hans: Wie Partnerschaft gelingt – Spielregeln der Liebe. Beziehungskrisen sind Entwicklungschancen, Freiburg 1998.

Jellouschek, Hans: Im Irrgarten der Liebe. Dreiecksbeziehungen und andere Paarkonflikte, Zürich 1996.

Jordan, Wolf: Aus Eifersucht kann Liebe werden. Wie Partner zu neuem Vertrauen finden, Freiburg 2000.

Jung, Mathias: Versöhnung: Töchter – Söhne – Eltern, Lahnstein 2000.

Jung, Mathias: Trennung als Aufbruch, Lahnstein 1998.

Kast, Verena: Vom Sinn des Ärgers. Anreiz zu Selbstbehauptung und Selbstentfaltung, Freiburg 1998.

Kast, Verena: Paare. Beziehungsphantasien oder Wie Götter sich in Menschen spiegeln, Freiburg [15]1998.

Kast, Verena: Traumbild Auto – von unserem täglichen Unterwegssein. Träume als Wegweiser, Düsseldorf/Zürich [2]1993.

Kast, Verena: Abschied von der Opferrolle. Das eigene Leben leben, Freiburg 1998.

Kast, Verena: Neid und Eifersucht. Die Herausforderung durch unangenehme Gefühle, München 1998.

Kirchler, Erich/Rodler, Christa/Hölzl, Erik/Meier, K. (Hrsg.): Liebe, Geld und Alltag. Entscheidungen in engen Beziehungen, Göttingen 2000.

Krollpfeiffer, Hannelore: Älter werden ist ganz anders, München 1992.

Kuckuck, Anke / Luckmann, Clara: Zärtlich und stark. Mütter auf der Suche nach ihrer Lust, Reinbek bei Hamburg 1998.

Largo, Remo H.: Kinderjahre, München 1999.

Moeller, Michael Lukas: Die Wahrheit beginnt zu zweit. Das Paar im Gespräch, Reinbek bei Hamburg 1992.

Mulack, Christa: … und wieder fühle ich mich schuldig. Ursachen und Lösung eines weiblichen Problems, Zürich 1993.

Onken, Julia: Geliehenes Glück. Ein Bericht über den Liebesalltag, München 1991.

Onken, Julia: Vatermänner. Ein Bericht über die Vater-Tochter-Beziehung und ihren Einfluß auf die Partnerschaft, München 1993.

Onken, Julia: Spiegelbilder, Männertypen und wie Frauen sie durchschauen und sich dabei selbst erkennen, München 1997.

Onken, Julia: Die Kirschen in Nachbars Garten. Von den Ursachen fürs Fremdgehen und den Bedingungen fürs Daheimbleiben, München 1997.

Onken, Julia: Herrin im eigenen Haus. Weshalb Frauen ihr Selbstbewusstsein verlieren und wie sie es wieder zurückgewinnen, München 2000.

Prekop, Jirina/Schweizer, Christel: Kinder sind Gäste, die nach dem Weg fragen. Ein Elternbuch, München 1999.

Revenstorf, Dirk: Wenn das Glück zum Unglück wird, Psychologie der Paarbeziehung, München 1999.

Ridley, Matt: Eros und Evolution. Die Naturgeschichte der Sexualität, München 1998.

Satir, Virginia/Englander-Golden, Paula: Sei direkt. Der Weg zu freien Entscheidungen, Paderborn 1994.

Spring, Janis Abrahms: Treuebrüche. Die kreative Aufarbeitung des Seitensprungs, Frankfurt/Main 1996.

Tannen, Deborah: Laß uns richtig streiten. Vom Wortgefecht zum Dialog, München 1999.

Unverzagt, Gerlinde: Liebe, Geld und Partnerschaft. Konflikte ums Geld und wie man sie lösen kann, Zürich 2000.

Walitzeck-Schmidtko, Eva: Die Zweite – von den Schwierigkeiten, einen Mann mit Kind zu lieben, Reinbek bei Hamburg 1998.

Walther, Georg: Sag, was du meinst, und du bekommst, was du willst. Mit Power Talking zum Erfolg, München 1999.

Welter-Enderlin, Rosemarie: Deine Liebe ist nicht meine Liebe, Freiburg 1996.

Wetzler, Scott: Ich weiß nie, woran ich mit dir bin. Wenn Männer nicht sagen, was sie wirklich meinen, München 1997.

Vortragskassetten

Dahlke, Rüdiger: Gesunder Egoismus, gesunde Aggression, Vier Türme
Diem Wille, Gertraut: Verstehen der inneren Welt des Kindes, Auditorium
Bucher, Ursel: Wie Sie Beziehungskiller vermeiden, Kösel Audio
Grün, Anselm: Partnerübungen. Den blinden Fleck suchen, Vier Türme
Grün, Anselm: Mystik und Eros, Vier Türme
Gruen, Arno: Die Schwierigkeit, sich selber zu sein, Auditorium
Jellouschek, Hans: Was Paarbeziehungen stabil macht, Auditorium
Jellouschek, Hans: Verliebt und dann…,Vier Türme
Jellouschek, Hans: Dreieckskonstellationen, Therapeutische Sichtweisen von
 Außenbeziehungen, VierTürme
Jellouschek, Hans: Sex, Liebe, Zärtlichkeit, Gewalt…,Vier Türme
Jung, Mathias: Außenbeziehung als Krise und Chance, Emu
Jung, Mathias: Versöhnen und Verzeihen, Emu
Jung, Mathias: Aggression unter Liebenden, Emu
Jung, Mathias: Lust und Last der Sexualität, Emu
Jung, Mathias: Ein Zimmer für mich – Wege weiblicher Entwicklung, Emu
Jung, Mathias: Eifersucht, ein Schicksalsschlag? Emu
Jung, Mathias: Liebesverträge in der Beziehung, Emu
Jung, Mathias: Mut zum Ich, Emu
Jung, Mathias: Das Paar im Wandel, Emu
Jung, Mathias: Das sprachlose Paar – Was Paare wieder zusammenführt, Emu
Jung, Mathias: Das sprechende Paar – Zwiegespräch und Liebesverträge, Emu
Jung, Mathias: Das Drama der Trennung, Emu
Jung, Mathias: Verlassen und verlassen werden, Emu
Jung, Mathias: Der Mann – ein emotionales Sparschwein, Emu
Kast, Verena: Vom Sinn der Eifersucht, Vier Türme
Kast, Verena: Leidenschaftlich leben, Vier Türme
Lechler, Walter: Sexualität versus Sensualität, Vier Türme
Onken, Julia: Weshalb Menschen fremdgehen, Auditorium
Onken, Julia: Spiegelbilder: Männertypen und wie Frauen sie durchschauen und
 sich dabei selbst erkennen, Media Didacta
Onken, Julia: Sackgasse Sexualität, Auditorium
Prekop, Irina: Kinder sind Gäste, die nach dem Weg fragen, Auditorium
Schellenbaum, Peter: Die Spur des inneren Kindes, Auditorium
Schellenbaum, Peter: Das Nein in der Liebe, Auditorium
Thich Nhat Hanh: Aus der Tiefe des Verstehens die Liebe und das Leben
 berühren, Vier Türme
Welter-Enderlin, Rosemarie: Romantische Liebe versus Partnerschaft, Vier
 Türme
Willi, Jürg: Ist Verliebtsein eine wichtige Grundlage einer ehelichen Partner-
 schaft, Vier Türme

Bezugsquelle aller Vortragskassetten:

Media Didacta Verlag,
Postfach 1314,
CH-8580 Amriswil
Tel./Fax: 0041 (0) 714110749
E-Mail media-didacta@bluewin.ch

Die Verfasserin führt regelmäßig Veranstaltungen und Seminare für Paare durch.

Informationen:

Sekretariat Julia Onken
Tel. 0041 (0) 714110404
Fax 0041 (0) 714110405
E-Mail: jonken.seminare@bluewin.ch
www.julia-onken.ch

Buchanzeigen

Julia Onken bei C.H. Beck

Julia Onken
Feuerzeichenfrau
Ein Bericht über die Wechseljahre
247. Tausend. Auflage. 1995. 207 Seiten. Paperback
Beck'sche Reihe Band 352

„Mit Feuer und Sprachwitz versteht sie es, der ‚Guillotine Wechseljahre' das Anrüchige zu nehmen, und diese wichtige Lebensphase ins richtige Licht zu rücken."

Basler Volksblatt

„... Julia Onkens Buch ist sehr persönlich gehalten, ihre Lebensfreude steckt an, der Leser merkt, daß man in den Wechseljahren an Kraft und Freiheit hinzugewinnt: Das Buch ist nicht nur für Frauen bestimmt, nein, auch Männer sollten es in die Hände nehmen, um besser die Phasen im weiblichen Leben verstehen zu lernen."

Schweizer Feuilletondienst

Julia Onken
Geliehenes Glück
Ein Bericht aus dem Liebesalltag
142. Tausend. Auflage. 1995. 222 Seiten. Paperback
Beck'sche Reihe Band 455

„Ihr Anliegen ist es, die Frauen zu sich selbst zu führen, sie zu lehren, auf eigenen Beinen zu stehen, sich selbst zu verwirklichen, die eigene Kreativität zu entdecken und nicht nur vom „Geliehenen Glück" anderer zu leben."

Thurgauer Volksfreund

„Lesenswert für Erwachsene, die bereit und fähig sind, über sich selbst, die Liebe und das Leben nachzudenken."

Buchprofile

Verlag C.H. Beck München

Julia Onken
Vatermänner
Ein Bericht über die Vater-Tochter-Beziehung
und ihren Einfluß auf die Partnerschaft.
125. Tausend. 1997. 205 Seiten. Paperback
Beck'sche Reihe Band 1037

Weshalb verlieren viele Frauen im Umgang mit dem anderen Geschlecht ihr
Selbstvertrauen? Und warum ist ihnen das in den meisten Fällen gar nicht
bewußt?
Die Abwesenheit der Väter, ihre Ignoranz den Kindern gegenüber, hat vor
allem für Frauen verheerende Folgen, weil die Beantwortung ihres Selbst
durch den gegengeschlechtlichen Elternteil entfällt. Julia Onken zeigt, welche Strategien Frauen entwickeln, um diese Bestätigung durch den Vater
doch noch zu erringen. Sie zeigt auch, wie sie sich dieses großen Schmerzes
bewußt werden können und wie sie dadurch verhängnisvolle Muster von
Partnerbeziehungen vermeiden können. Die weit über die Grenzen der
Schweiz hinaus bekannte Therapeutin versteht es meisterhaft, Einsichten in
diese elementaren Lebensfragen zu vermitteln.

Julia Onken „nimmt dem Alltag die Gewöhnlichkeit, verleiht der Banalität
spielerische Leichtigkeit. ... Wie kaum eine andere Sachbuchautorin schafft
sie es, ihre Leser und Leserinnen für das alltägliche Erleben zu sensibilisie-
ren und von da einen Bogen zu komplexen Theoriegebäuden der Psychologie zu spannen".

Thurgauer Volksfreund

Verlag C.H. Beck München